भारतीय चित्रकला
का
संक्षिप्त इतिहास

संशोधित एवं परिवर्द्धित संस्करण

भारतीय चित्रकला का संक्षिप्त इतिहास

संशोधित एवं परिवर्द्धित संस्करण

वाचस्पति गैरोला

लोकभारती प्रकाशन

लोकभारती प्रकाशन
पहली मंजिल, दरबारी बिल्डिंग, महात्मा गाँधी मार्ग
प्रयागराज-211 001
वेबसाइट : www.lokbhartiprakashan.com
ईमेल : info@lokbhartiprakashan.com
शाखाएँ : 1-बी, नेताजी सुभाष मार्ग, दरियागंज
नयी दिल्ली-110 002
अशोक राजपथ, साइंस कॉलेज के सामने
पटना-800 006
36-ए, शेक्सपियर सरणी
कोलकाता-700 017

तृतीय संस्करण : 2009
पंचम संस्करण : 2023

जे.के. आर्ट प्रेस
प्रयागराज द्वारा मुद्रित

BHARTIYA CHITRAKALA KA
SANKSHIPTA ITIHAS
by Vachaspati Gairola

ISBN : 978-81-8031-361-5

मूल्य : ₹ 325

उपोद्‌घात

प्रस्तुत पुस्तक में भारतीय चित्रकला का संक्षिप्त, किन्तु प्रामाणिक एवं मौलिक ऐतिहासिक अध्ययन निरूपित किया गया है। कला, और विशेष रूप से चित्रकला विषय माध्यमिक कक्षाओं से लेकर विश्वविद्यालय की स्नातकोत्तर कक्षाओं तक अध्ययन का विषय है। शिक्षा के क्षेत्र में उसकी अधिकाधिक उपयोगिता अनुभव एवं स्वीकार की गयी है, और इसलिए विद्यालय से लेकर विश्वविद्यालय स्तर तक के छात्र-छात्राओं की उसके प्रति गहन अभिरुचि उत्पन्न हो रही है। शिक्षा के क्षेत्र में चित्रकला विषय की इस वर्द्धनशील अभिरुचि का कारण एकदेशीय तथा क्षेत्रीय नहीं है। अन्तर्राष्ट्रीय स्तर पर व्यापक मानव समाज द्वारा उसको अधिकाधिक अपनाये जाने तथा मान्यता प्रदान किये जाने के फलस्वरूप उसके प्रभाव का क्षेत्र उत्तरोत्तर व्यापक होता जा रहा है।

योरप के देशों के सामान्य समाज तथा शिक्षा के क्षेत्र, दोनों में चित्रकला के प्रति विशेष अभिरुचि के परिणामस्वरूप समस्त विश्व उससे प्रभावित है। वहाँ उसकी मानव जीवनोपयोगी उपलब्धियों पर गंभीरतापूर्वक विचार हो रहा है। उसकी यह प्रभावकारी प्रतिक्रिया विश्व के अनेक प्रगतिशील देशों पर त्वरित गति से चरितार्थ हो रही है; और संभवतः यही कारण है कि आज के इतिहासकार तथा कलानुसन्धायक विद्वान् नये मान-मूल्यों के आधार पर उसका पुनर्मूल्यांकन करने की दिशा में सचेष्ट एवं अग्रसर हैं।

जहाँ तक भारत का सम्बन्ध है, वहाँ भी कला के विश्वजनीन पुनर्मूल्यांकन और उसके ऐतिहासिक अवेक्षण की दिशा में जागरूकता परिलक्षित हो रही है। सर्वविदित है कि अतीतकालीन भारत में कला के मानवतावादी पक्ष पर व्यापक रूप में गंभीर विचार हुआ है। उसके विचारों में भले ही भिन्नता रही हो; किन्तु लक्ष्य की एकात्मकता में कोई सन्देह नहीं है। आधुनिक विश्व ने इस दिशा में जो प्रगति की है, चिन्तन और विचार के क्षेत्र में जिन मान-मूल्यों का निर्धारण किया है, उनसे मौलिक रूप में भारतीय दृष्टिकोण की तारतम्यता को अस्वीकार नहीं किया जा सकता है।

प्रस्तुत पुस्तक 'भारतीय चित्रकला का संक्षिप्त इतिहास' उसके पुराने कलेवर 'भारतीय चित्रकला का संक्षिप्त परिचय' का सर्वथा नवीन और मौलिक रूप है। उसमें इस नाममात्र का ही नवीनीकरण नहीं किया गया है, अपितु विषय-सामग्री के आमूल परिवर्तन द्वारा उसको अधिकाधिक ग्राह्य एवं उपादेय बनाने का भी यथासंभव प्रयत्न किया गया है। अध्येताओं की सुविधा के लिए विषय-सामग्री के सन्दर्भ में बीच-बीच में और पुस्तक के अन्त में भी विभिन्न विवेचित शैलियों के प्रतिनिधि चित्रों को संयोजित कर दिया गया है। द्वितीय संस्करण की अपेक्षा इस तृतीय संस्करण में सर्वथा नयी सामग्री को भी योजित कर दिया गया है। इस प्रकार प्रस्तुत पुस्तक में भारतीय चित्रकला की प्रायः सभी प्रमुख शैलियों, उनकी परम्पराओं और शाखा-प्रशाखाओं का ऐतिहासिक क्रम से विस्तारपूर्वक

निरूपण कर दिया गया है। प्रस्तुत संस्करण को इस रूप में उपनिबद्ध करने का एकमात्र लक्ष्य यह रहा है कि भारतीय चित्रकला के अध्येताओं एवं छात्र-छात्राओं को उनके उद्देश्य की सामग्री एक साथ उपलब्ध हो सके।

हिन्दी में भारतीय चित्रकला विषयक ऐसी पुस्तकों की प्रायः कमी है, जो अपने-आप में सर्वांगीण हों और सहज रूप में सर्वसामान्य को सुलभ हो सकें। विश्वास है कि इस पुस्तक से जिज्ञासु पाठकों की यह असुविधा दूर हो सकेगी।

इस पुस्तक को अनेक विश्वविद्यालयों ने अपने पाठ्यक्रम में निर्धारित किया है। उत्तर प्रदेश तथा बिहार शिक्षा निदेशालयों ने भी उसे अपने उच्चतर माध्यमिक विद्यालयों तथा प्रशिक्षण-केन्द्रों के पुस्तकालयों के लिए स्वीकृत किया है। इसके अतिरिक्त सम्मान्य अध्यापक वर्ग और छात्र-छात्राओं ने भी उसे व्यापक रूप से अपनाया है। उन्हीं के प्रोत्साहन और प्रेरणाप्रद निर्देशन के फलस्वरूप यह तृतीय संस्करण इस रूप में प्रस्तुत किया जा सका है।

मैं अपने उस सम्मान्य अध्यापकवर्ग के प्रति आभारी हूँ, जिसने मुझे मोखिक और लिखित रूप में इस पुस्तक का परिवर्द्धित संस्करण तैयार करने के लिए प्रोत्साहित किया है। मैं अपने उन छात्र-छात्राओं के प्रति भी शुभाकांक्षी हूँ, जिन्होंने इस पुस्तक को अपना कर मेरे श्रम को सार्थक बनाया है।

—वाचस्पति गैरोला

विषयानुक्रम

ऐतिहासिक सर्वेक्षण	६
प्रागैतिहासिक युग	२१
बौद्ध शैली	३३
जैन शैली	४७
पौर्वात्य और दाक्षिणात्य शैलियां	५३
राजपूत शैली	५६
मुगल शैली	६६
मध्य युग	८१
आधुनिक युग	६३
लोककला	१०१
परिशिष्ट	१०६
चित्र	११३

१

ऐतिहासिक सर्वेक्षण

•

कला की उपलब्धि

कला कल्याण की जननी है। इस धरती पर मनुष्य की उदय-वेला का इतिहास कला के द्वारा ही रूपायित हुआ है। कला इस विराट् विश्व की सर्जना शक्ति होने के कारण सृष्टि के समस्त पदार्थों में व्याप्त है। वह अनन्तरूपा है और उसके इन अनन्त रूपों की अभिव्यक्ति एवं निष्पत्ति का आधार कलाकार (परमेश्वर) है। जितने भी तत्त्ववित्, साहित्यसृष्टा और कलाराधक हुए, उन सबने भिन्न-भिन्न मार्गों का अवलम्ब लेकर उसी एकमेव लक्ष्य का अनुसन्धान किया। विभिन्न युगों में कला के रूप की परिकल्पना विभिन्न दृष्टिकोणों से की जाती रही है।

कला को आज जो लोकसम्मान प्राप्त है और सम्प्रति उसको जिस रूप में परिभाषित किया जा रहा है, वह अतीत की अपेक्षा सर्वथा भिन्न है। शिल्प और कला-विषयक प्राचीन ग्रन्थों में कला को 'हस्तकौशल', 'चमत्कार-प्रदर्शन' या 'वैचित्र्य' से बढ़कर दर्जा नहीं दिया गया है; अवश्य ही उसको साहित्य से अलग करके देखा जाता रहा है। उसको 'वस्तु का रूप सँवारनेवाली विशेषता, कहा गया है, जैसा कि क्षेमराज की 'शिवसूत्रविमर्षिणी' से स्पष्ट है—'कलयति स्वरूपं आवेशयति वस्तूनि वा'। किन्तु परवर्ती युगों, और विशेष रूप से वर्तमान समय में कला को जिस रूप में ग्रहण किया जा रहा है उसकी सीमा न तो 'वैचित्र्य' या 'हस्तकौशल' तक ही सीमित है और न उसका उद्देश्य 'वस्तु सँवारना' मात्र है।

कला के लिए 'कौशल' कहने की इस सस्ती मनोवृत्ति का प्रचलन तब हुआ, जब उसका एक-मात्र उद्देश्य विलासिता तथा मनोरंजन माना जाने लगा। इसी लिए चकोर-तीतर-बटेर लड़ाना और मल्लयुद्ध तक को कला के अन्तर्गत परिगणित किया गया। इस प्रकार के सभी कौशलों का सम्बन्ध मनोरंजन से था; और यद्यपि कला के चौंसठ या इससे भी अधिक भेद करके तब यह माना जाने लगा कि कला का क्षेत्र इतना व्यापक है कि उसके अन्तर्गत ज्योतिष-दर्शन-व्याकरण आदि विद्याओं का भी समावेश हो जाता है, तथापि वास्तव में इस प्रवृत्ति ने कलामान और कलाबोध, दोनों की स्वस्थ गवेषणा एवं स्थापना को व्यर्थ के बौद्धिक विलास में खो दिया। कला-विषयक इस विला-सिता की प्रवृत्ति का व्यापक रूप में प्रचार-प्रसार रहा।

किन्तु इसका आशय यह नहीं है कि समस्त समाज इस सस्ती मनोवृत्ति से अभिभूत था; बल्कि दूसरी ओर कला की धार्मिक तथा आध्यात्मिक परम्पराओं को स्वीकार किये जाने के साथ-साथ उसको व्यावहारिक जीवन में एकरस करने के लिए भी प्रयत्न किये जाते रहे।

कला की उत्पत्ति में धर्म की प्रेरणा

कला की उत्पत्ति के मूल में हमें धार्मिक भावना की प्रधानता दिखायी देती है; प्रागैतिहासिक युग की कलाकृतियों के संबंध में यह बात विशेष रूप से चरितार्थ होती है। हम देखते हैं कि आदिम युग में मनुष्य ने पार्थिव वस्तुओं को आध्यात्मिक रूप देने के लिए आकाश, पृथ्वी, ग्रह, नक्षत्र, नदियाँ, पर्वत, ऋतुओं आदि के रहस्यों को आँकने का यत्न किया। उसने उन सभी वस्तुओं में एक अदृश्य शक्ति की कल्पना की, जिन वस्तुओं को वह जानकारी प्राप्त न कर सका था।

न केवल भारत में, बल्कि विश्व की समस्त जातियों की संस्कृति के मूल में इस धार्मिक भावना की प्रधानता व्यापक रूप में देखने को मिलती है। यूनान, चीन और भारत के लोगों को कला की प्रेरणा प्रकृति से मिली। प्रकृति को तब एक अदृश्य शक्ति के रूप में स्वीकार किया गया। वेदों के ऋषियों ने प्रकृति के अनेक रूपों की पूजा करके उन्हें देवत्व का स्थान दिया। ये दैवी शक्तियाँ ही बाद में स्वर्ग-नरक, लोक-परलोक, आत्मा-परमात्मा, यहाँ तक कि ब्रह्मा, विष्णु और महेश आदि अनेक नाम-रूपों में अभिहित की गयीं।

धर्म के प्रति मनुष्य की स्वाभाविक रुचि को दृष्टि में रखकर ही भारतीय चित्रकला की आदिम परिस्थितियों का वास्तविक अध्ययन किया जा सकता है। धर्म की आध्यात्मिक, अदृष्ट एवं अलौकिक पृष्ठभूमि पर भारतीय चित्रकला का निर्माण हुआ। प्रागैतिहासिक युग के जितने भी कलावशेष प्राप्त हुए हैं, उनका अध्ययन-परीक्षण करने पर स्पष्ट रूप से यह तथ्य प्रकाश में आया है कि भारत की आदिम मानव-सभ्यता में कला का सृजन ऐसे रहस्यों एवं उत्कण्ठाओं को आधार मानकर हुआ है, जिनका सम्बन्ध पारलौकिक था और जिनमें किसी सर्वोपरि अदृष्ट शक्ति या नियन्ता का अधिष्ठित होना स्वीकार किया गया है। अतएव, जाने या अनजाने, जैसा भी संभव हुआ हो, इस देश की आदिम मानव-सभ्यता में कला को, विशेष रूप से चित्रकला को, आध्यात्मिक और नैतिक उन्नति के रूप में स्वीकार किया गया।

हमारे शास्त्रों में धर्म से ही निःश्रेयस् की प्राप्ति होनी बतायी गयी है। हमारे कलाकारों ने अपनी कृतियों में इसी निःश्रेयस् का साक्षात्कार किया है। वस्तुतः यही कारण है कि कला के जिन भग्नावशेषों को देखकर आज भी हम अवाक् रह जाते हैं उनमें, उनके निर्माता कलाकारों की यही श्रेयबुद्धि निहित है।

चित्रविद्या की उत्पत्ति

गांधार देश के राजा नग्नजित् का 'चित्रलक्षण' नामक एक ग्रन्थ तिब्बत की तंजूर ग्रन्थमाला में प्रकाशित हुआ है। इस ग्रन्थ के प्रथम अध्याय में चित्रविद्या की उत्पत्ति का आख्यान देते हुए बताया गया है कि पुराकाल में भयजित् नामक किसी धर्मपरायण राजा के राज्य में अकस्मात् एक ब्राह्मणपुत्र की मृत्यु हो गयी। पुत्रशोक से विकल ब्राह्मण, तत्कालीन प्रथा के अनुसार, राजा के पास गया और उसने राजा को यह कहकर प्रताड़ित किया कि यदि वह क्षत्रिय है और धर्म तथा ब्राह्मणों पर उसकी किंचित् भी निष्ठा है तो वह उसके मृत पुत्र को जीवित करे। यह सुनकर उस धर्मपरायण राजा को बड़ा दुःख हुआ। उसने योगबल से यमराज को बुलाया और उनसे मृत ब्राह्मणपुत्र को जीवित करने की प्रार्थना की। किन्तु यमराज ने उसकी प्रार्थना को अस्वीकार कर दिया। फलतः दोनों में घमासान युद्ध हुआ, जिसमें यमराज की पराजय हुई। पराजित होने पर भी जब यमराज ने ब्राह्मणपुत्र को जीवनदान करने से इन्कार कर दिया तो स्वयमेव ब्रह्मा ने अवतरित होकर राजा भयजित् को यमराज की असमर्थता का कारण बताया और राजा से कहा कि वह ब्राह्मण के मृत पुत्र का चित्र अंकित करे। राजा के द्वारा चित्र बनाये जाने के बाद ब्रह्मा ने उसमें प्राण-संचार कर दिया। तदनन्तर ब्रह्मा ने राजा भयजित् से कहा, 'तुमने नग्न प्रेतों को जीत लिया है। अतः आज से तुम्हारा नाम नग्नजित् हुआ। तुम्हारा यह चित्र इस सृष्टि का प्रथम चित्र है। मर्त्यलोक में इस कल्याणकारी चित्रविद्या के तुम प्रथम आचार्य कहे जाओगे। चित्रविद्या

से संसार का इसी प्रकार कल्याण होता रहेगा और इसी हेतु तुम मर्त्यलोक द्वारा सदा पूजित होते रहोगे।'

इसी प्रकार चित्रविद्या की दैवी उत्पत्ति का वर्णन करते हुए 'चित्रलक्षण' के दूसरे अध्याय के विश्वकर्मा-नग्नजित्-सम्वाद में बताया गया है कि संसार की कल्याण-कामना हेतु ब्रह्मा की प्रेरणा से इन्द्रादि देवताओं ने अपने-अपने अस्त्र-शस्त्रों और मुद्राओं सहित अपनी-अपनी प्रतिकृतियाँ बनाकर ब्रह्मा को दीं, जिनको ब्रह्मा ने अर्चन-पूजन हेतु मर्त्यलोक में भेज दिया।

इस पौराणिक आख्यान की सत्यता का जो भी आधार हो; किन्तु इतना निश्चित है कि चित्रविद्या की सृष्टि मानवता के सौख्य एवं भावनात्मक सौन्दर्य का कारण सिद्ध हुई। उससे संसार में क्रूरता तथा निर्ममता की जगह समता तथा सहृदयता की स्थापना हुई। उसने मनुष्य में अनुरागप्रियता और सौन्दर्य-जिज्ञासा का विकास किया। व्यष्टि और समष्टि की कल्याणमंगल-कामना में चित्रविद्या का योग सदैव बना रहा। इसी लिए परम्परा से उसका आदर-सम्मान और संपूजन होता रहा।

चित्रकला का ऐतिहासिक सर्वेक्षण

मनुष्य-जीवन की भाँति कला का इतिहास भी विराट एवं अतलदर्शी है। यह 'कला' शब्द स्वयं में इतना अगाध और व्यापक है कि उसके अन्तर्गत वृहद् भारत के आचार-विचार, अनुसंधान-अन्वेषण और अध्यात्म-अधिभूत आदि सभी प्रकार की जिज्ञासाओं का समावेश हो जाता है। यह समग्र सृष्टि ही कलामय है।

अनुकूल सुख-सुविधाओं को प्राप्त करके धरती के विभिन्न छोरों में जिस क्रम से मनुष्य ने अपने आवास की स्थितियों को कायम किया, उसी क्रम से कला के अस्तित्व का भी बीजारोपण हुआ। कला के इन आदिम प्रतिमानों के मूल में यद्यपि स्वरूप, शैली और भाव-विधानों की दृष्टि से कोई तारतम्य नहीं था, तथापि उसका अन्तराल एक ही अपार्थिव चेतना से आपूरित था। वह चेतना थी धर्म की। आदिम मनुष्य ने पार्थिव पदार्थों को आध्यात्मिक रूप देने के लिए आकाश, पृथिवी, ग्रह, नक्षत्र, नदियाँ, पर्वत, सर्दी और गर्मी आदि के रहस्यों को आँकने का यत्न किया। उसने उन सभी वस्तुओं में एक अदृश्य शक्ति की कल्पना की, जिन वस्तुओं की जानकारी उसको नहीं थी।

भारत ही नहीं, विश्व की प्रायः समग्र आदिवासी जातियों की संस्कृति के मूल में इस धार्मिक भावना की अनुभूति एक जैसे रूप में दिखायी देती है। यूनान, चीन और भारत के आदिवासी लोगों को कला की प्रेरणा प्रकृति से मिली। वेदों के ऋषियों ने प्रकृति के विभिन्न रूपों की पूजा करके उन्हें देवत्व के पद पर अधिष्ठित किया। ये दैवी शक्तियाँ ही बाद में अदृष्ट, स्वर्ग-नरक, लोक-परलोक, आत्मा-परमात्मा और ब्रह्मा-विष्णु-महेश आदि नाम-रूपों में प्रचलित हुईं।

प्रागैतिहासिक युग के जो मानव ढाँचों, खोपड़ियों और शिलाखण्डों के अवशेष उपलब्ध हुए हैं उनके अध्ययन से प्राणि-जगत् के अस्तित्व का इतिहास इतना पीछे चला जाता है कि, जिनके आधार पर स्वभावतः मनुष्य की कला-अभिरुचि की अति प्राचीनता का भी स्पष्टीकरण हो जाता है। विंध्य पहाड़ों से उपलब्ध मानव-अस्थियाँ, मध्य प्रदेश के सिंघनपुर तथा सरगुजा

रियासत में अवस्थित जोगीमारा से प्राप्त चित्र-खुदी चट्टानें आदि-मानव की कलाप्रियता की व्यापक रूप से पुष्टि करते हैं। इसी प्रकार तामिल नाड्डु, आंध्र, छोटा नागपुर, उड़ीसा, होशंगाबाद, पंजाब, उत्तर प्रदेश और नर्मदा-उपत्यका आदि विभिन्न स्थानों से उपलब्ध वस्त्रों, पाषाणचित्रों, मृत्तिका-पात्रों, लाल-पीले रंगों से चित्रित रेंगते हुए कीड़ों, पशुओं, पक्षियों, मनुष्यों और सुअरों आदि की आकृतियों का अध्ययन करके प्रागैतिहासिक भारत के कलाप्रेम का सहज ही में परिचय मिल जाता है।

इन प्रागैतिहासिक अवशेषों की गवेषणा करके पुरातत्त्वज्ञ विद्वानों का अभिमत है कि आज की ही भाँति आदि-मानव भी सौन्दर्योपासक था। इसी सौन्दर्यप्रेम के कारण ही वह अपने अमूर्त भावों को मूर्त रूप देने की ओर प्रवृत्त हुआ। किस प्रकार उसने अपनी हार-जीतों के संस्मरण रेखाओं में उतारे, इसके प्रमाण हमें मोहनजोदड़ो तथा हड़प्पा की खुदाइयों से उपलब्ध कला-सामग्री में देखने को मिलते हैं।

मानव सभ्यता के उषःकाल में, जब कि भाषा और लिपि का आविष्कार नहीं हुआ था, भावाभिव्यंजन तथा विचारों के पारस्परिक आदान-प्रदान का माध्यम कला ही रही है। उसी के विकास-चिह्न हमें रज्जू या ग्रन्थलिपि, रेखालिपि, भावप्रकाशकलिपि, ध्वनिप्रकाशक चित्रलिपि और व्यंजनामूलक लिपि में देखने को मिलते हैं। चित्र-रचना (Picture Composition) द्वारा विचार-प्रकाशन की यह पद्धति इतनी विकसित हुई कि धरती पर का सारा मानव-समाज उसके प्रभाव से अछूता न रह सका। ये चित्र शिलाओं, वृक्ष की छालों, जीव-जन्तुओं की खालों, हड्डियों, सींगों और दांतों आदि अनेक प्रकार की सामग्री पर चित्रित किये गये। इस प्रकार के अनेक चित्र कैलिफोर्निया की घाटियों, स्कॉटलैण्ड की शिलाओं, ओहियो रियासत की वृक्ष-छालों, लैपलैण्ड के ढोलों और ओवर्न (फ्रांस) में सींगों पर उत्कीर्णित एवं लिखित रूप में उपलब्ध हुए हैं। एक संपूर्ण घटना को चित्रों में प्रकाशित करने की प्रथा अमेरिका के आदिवासियों की प्रागैतिहासिक सभ्यता से ज्ञात हुई है। इसी प्रकार अलग-अलग वस्तुओं के लिए भाव-बोधन के चित्र-संकेत (Ideograph) मैक्सिको तथा मिस्र के आदिवासियों में भी प्रचलित थे।

सिन्धु-सभ्यता का युग

ऊपर संकेत किया गया है कि धर्मप्रवण भारत में आध्यात्मिक उपादानों को लेकर कला के विराट् स्वरूप का निर्माण हुआ। भारतीय कलाकार ने बाह्य सौन्दर्य के वशीभूत होकर कला की उद्भावना नहीं की, बल्कि उसकी अन्तःप्रेरणाओं और उसके भीतर प्रसुप्त दैवी विश्वासों ने ही उसके विचारों को रंग, रूप, वाणी और व्याप्ति प्रदान की है। उसने लोकजीवन को भी दृष्टि में रखा। सिन्धु-सभ्यता की उपलब्ध कला-कृतियों में इस अभिप्राय के पर्याप्त प्रमाण सुरक्षित हैं।

यद्यपि सिन्धु-घाटी की इन उपलब्ध कला-कृतियों के द्वारा हड़प्पा तथा मोहनजोदड़ो के नागरिकों, नगरों शासकों, कवियों, कलाकारों, विद्वानों और कारीगरों के सम्बन्ध में कुछ पता नहीं चलता, तथापि इन अवशेषों से तत्कालीन भारत के रहन-सहन, रीति-रिवाज, ज्ञान-विज्ञान और कला-कौशल-सम्बन्धी बहुत-सी बातों का परिचय अवश्य मिलता है।

हड़प्पा और मोहनजोदड़ो की खुदाइयों से कुछ शवगृह मिले हैं। उन शवगृहों से चित्रित मिट्टी के बर्तन, और शेष सामग्री में चित्रित बर्तन, पत्थर, कांस्यमूर्तियाँ, मृणमयी मूर्तियाँ और मुद्राएँ प्राप्त हुई हैं। इससे यह जानने में सहायता मिलती है कि उतने प्राचीन काल से ही भारत में कला का व्यापक रूप से सृजन होने लगा था। वहाँ की उपलब्ध कला-सामग्री में प्रेमी जनों की आकर्षक भाव-भंगिमाएं, नर्तकियों की प्रवीण मुद्राएँ, केश-सज्जा, अंग-प्रत्यंगों का आकर्षक उभार—सभी में एक विचित्र रुझान है। प्रकृति के विभिन्न रूपों में कला का चरमोत्कर्ष भी उनमें समाहित है। मातृदेवी की प्रतीकात्मक मूर्तियाँ, शिव, पशुपति और नन्दी बैल आदि की मूर्तियाँ भी दर्शनीय हैं। सिन्धु-सभ्यता की इन उपलब्ध कला-कृतियों को देखकर ज्ञात होता है कि वहाँ का जन-जीवन कलानुरागी, कलाकार, विद्वान्, सैनिक, शिकारी और दार्शनिक आदि विभिन्न रुचियों से ओतप्रोत था।

प्राचीन राजकुलों द्वारा कला का संरक्षण

सिन्धु-सभ्यता के हजारों वर्षों बाद इस देश में कला का जो सृजन-प्रवर्तन होता गया उसके निश्चित स्वरूप का कोई ब्योरा उपलब्ध नहीं है। वेदों, वैदिक साहित्य और पुराणों आदि में हमें इस सम्बन्ध में जो उल्लेख देखने को मिलते हैं वे पर्याप्त होते हुए भी हमारी इस जिज्ञासा का उपशमन करने में सहायक नहीं हैं कि उन कला-कृतियों का स्वरूप क्या था।

ऐतिहासिक युग में आकर हमें ज्ञात होता है कि तब तक कला अपने उच्च उत्कर्ष पर थी। कला के इस उत्कर्ष का जीवित रूप हमें बौद्धयुग में देखने को मिलता है। बौद्ध-युगीन भारत का सर्वाधिक विख्यात सम्राट हुआ अशोक। सम्राट् अशोक से ही, भारतीय राजकुलों द्वारा पल्लवित एवं संरक्षित, कला के इस अभ्युदय को प्रस्तुत किया जाना उचित है।

सम्राट् अशोक ने बौद्ध संस्कृति, बौद्ध साहित्य और बौद्ध कला के प्रचारार्थ वृहद् भारत में तथा एशिया के अनेक देशों में अपने दूत भेजे। भारत के विभिन्न अंचलों में अशोक द्वारा निर्मित स्तूपों एवं चैत्यों में उसके कलाप्रेम की थाती आज भी देखने को मिलती है।

मौर्ययुगीन चित्रकला का जहाँ तक सम्बन्ध है, ऐसा ज्ञात होता है कि उस युग में भवनों तथा दीवारों के अतिरिक्त कपड़ों पर भी चित्र बनाये जाने लगे थे। पटचित्रों के निर्माण में बौद्धकला की विशेष ख्याति रही है। बाघ और अजन्ता के चित्रों में रेखाओं का सुलेखन और रंगों के प्रयोग की विभिन्न परिपाटियाँ इस युग के चित्रांकन का विकास व्यक्त करती हैं।

मौर्ययुग मे तक्षशिला के वृहद् विद्या-निकेतन में चित्रकला को भी अध्ययन का एक अंग समझकर स्वतंत्र रूप से पढ़ाया जाने लगा था। अशोक के समय कला के लिए यह महत्त्वपूर्ण देन उल्लेखनीय है कि उस पर राजसी प्रतिबंध समाप्त हुआ और वह सामान्य जनता के मनोरंजन का विषय बनी।

अशोक के बाद दक्षिण के शुंग-सातवाहन राजाओं ने भी साहित्य और कला की उन्नति के लिए महत्त्वपूर्ण कार्य किये। तब भी बौद्ध धर्म के प्रचार-प्रसार के लिए कला का माध्यम प्रचलित रहा। इसके प्रमाण शुंगयुगीन अर्धचित्र हैं। अजंता की शुंगयुगीन गुफाओं में तत्कालीन चित्रकला की समृद्धि का पता चलता है। शुंगकाल में चित्रकला की प्रदर्शनियाँ आयोजित होने का भी उल्लेख मिलता है।

भारत में ग्रीक शासकों के १५० वर्षों के शासनकाल में कला की अच्छी उन्नति हुई। भारत में यूनानी संस्कृति का प्रभाव पहले-पहल सिक्कों पर पड़ा और वैसे ही कलापूर्ण सिक्के यहाँ भी ढलाये जाने लगे। तक्षशिला में उपलब्ध एक देव-मन्दिर के स्तम्भ तत्कालीन स्थापत्य एवं तक्षण के जीवित प्रमाण हैं। गांधार शैली की स्थापना का संपूर्ण श्रेय इन्हीं यूनानियों को है।

कुषाण राजा कनिष्क के समय महायान संप्रदाय की प्रतिष्ठा हो जाने के बाद गांधार शैली विशुद्ध भारतीय रूप में अभिव्यक्त होने लगी। गांधार शैली में 'बुद्धविग्रह' के अंकन का सबसे पहले प्रयास कनिष्क के ही समय हुआ, जिसका प्रभाव अफगानिस्तान, मध्य एशिया, जावा, चीन और एशिया के अन्य देशों पर लक्षित हुआ।

गुप्त सम्राट न केवल साहित्यमर्मज्ञ, विद्वत्सेवी, कलाकारों के आश्रयदाता और शिक्षाविद् थे, वरन् वे अनेक कलाओं में भी निपुण थे। प्रयाग प्रशस्ति से ज्ञात होता है कि सम्राट समुद्रगुप्त वीणावादन में सिद्धहस्त था। वास्तुकला के क्षेत्र में गुप्तयुग बहुत चढ़ा-बढ़ा था। गुप्तकाल की कला के नमूने तत्कालीन सोने के सिक्कों, मूर्तियों और मन्दिरों में देखने को मिलते हैं।

अजन्ता, एलोरा और बाघ की गुफाओं की चित्रकारी में गुप्तकालीन कला का वास्तविक रूप देखने को मिलता है। संपूर्ण मध्य एशिया की चित्रशैली पर गुप्तकालीन चित्रशैली का प्रभाव पड़ा। 'विष्णुधर्मोत्तर पुराण' का 'चित्रसूत्र' इसी युग की रचना है। उससे ज्ञात होता है कि वर्ण-विधान, रेखा-संयोजन और सुलेखन की दृष्टि से गुप्तयुगीन चित्रकला पर्याप्त उन्नतावस्था में वर्तमान थी।

भित्तिचित्रों का निर्माण

भारतीय चित्रकला के इतिहास में भित्तिचित्रों का महत्त्वपूर्ण स्थान है। भित्तिचित्रों की थाती से ही भारतीय चित्रकला के जीवित इतिहास का पता चलता है। भारत के जितने भी महत्त्वपूर्ण राजवंश हुए उन सबने भित्तिचित्रों के निर्माण में अपना योग दिया। इस प्रकार के भित्तिचित्र जोगीमारा, बाघ, अजन्ता, बादामी, सितनवासल, एलोरा और एलीफैंटा आदि की गुफाओं में देखने को मिलते हैं। भारत के इन जगद्विख्यात कलातीर्थों को देखने के लिए देश-विदेश के सैकड़ों कला-यात्री यहाँ आते हैं। जिन्होंने भी इन चित्रों को देखा उन्होंने मुग्ध होकर भारतीय कलाकारों की सूझ-बूझ की मुक्तकण्ठ से प्रशंसा की।

वस्तुतः भित्तिचित्रों के निर्माता वे कलाकार धन्य थे, जिनके दैहिक शरीर तो कालकवलित हो गये; किन्तु उनका यश उनके महान् कृतित्व में अमर है।

दाक्षिणात्य चित्र-शैलियाँ

साहित्य-निर्माण की भाँति कला के उत्थान में भी दक्षिण भारत अग्रणी रहा है। वस्तुतः देखा जाय तो भारतीय चित्रकला की बहुमूल्य थाती जिन गुफाचित्रों या भित्तिचित्रों के रूप में आज जीवित हैं उसके सब मुख्य केन्द्र दक्षिण भारत में ही सुरक्षित हैं। वहाँ का मन्दिर-निर्माण और मूर्ति-निर्माण अद्वितीय हैं। चित्रकला के लिए वहाँ अनेक यत्न हुए।

भारतीय गुफाचित्रों के बाद दक्षिण की चित्र-शैलियों का ही स्थान है। गुफाचित्रों के निर्माण के बाद १०वीं से १५वीं शती ई० के बीच दक्षिण भारत में सचित्र पोथियों के क्षेत्र

में महत्त्वपूर्ण कार्य हुआ। यह कार्य तीन केन्द्रों द्वारा संपन्न हुआ। ये तीन केन्द्र थे बंगाल, बिहार और नेपाल। नालन्दा और विक्रमशिला नामक तत्कालीन विद्या-निकेतनों में इस प्रकार की सचित्र पोथियों का निर्माण हुआ। इन तीनों केन्द्रों की चित्र-शैली प्रायः समान थी। जैन, पाल, गुजरात और अपभ्रंश आदि महत्त्वपूर्ण चित्र-शैलियों के निर्माण का भी यही युग था।

दक्षिण में जिस चित्र-शैली का सृजन हुआ उसकी तीन शाखाएँ थीं—द्राविड़, वेसर और नागर। पहली शाखा का जन्म दक्षिण में ही हुआ और वहीं सीमित रहकर उसने अपना विकास किया। नागर शैली, जो आर्यावर्त शैली के नाम से भी कही जाती है, उत्तर भारत से निर्मित होकर दक्षिण में गयी। दक्षिण में नागर की अपेक्षा द्राविड़ शैली की प्रमुखता रही।

दक्षिण में बाद के कुछ मुस्लिम शासकों ने चित्रकला को प्रोत्साहन दिया, जिसके परिणाम-स्वरूप वहाँ 'हिन्दिया' कला-शाखा का उदय हुआ। यह शाखा पूर्णतया फारसी शैली से प्रसूत थी। इस शैली के चित्रों का विश्लेषण करने पर पता चलता है कि उसकी बाहरी साज-सज्जा तो इस्लामी प्रभावों से अभिभूत है; किन्तु उसका भीतरी भाव-विधान सर्वथा भारतीय है, जिस पर अजन्ता का व्यापक प्रभाव लक्षित होता है।

ऐसा ज्ञात होता है कि पल्लव, चोल और बीजापुर के आदिलशाही राजवंशों का सम्बन्ध १३वीं तथा १४वीं शती में सीधे फारस से था और संभवतः उन्होंने फारसी चित्रकारों को बुलाकर अपने रंगमहलों को चित्रों से सुसज्जित करवाया। १४वीं तथा १५वीं शती ई० तक के दाक्षिणात्य चित्रों पर इसी लिए फारसी प्रभाव की छाप अंकित है। किन्तु निश्चित रूप से इस सम्बन्ध में इस लिए कुछ नहीं कहा जा सकता है कि १६वीं शती ई० से पहले दक्षिण में जो चित्र-सामग्री प्राप्त है, वह इतनी अपर्याप्त है कि उसके आधार पर कोई निश्चित मत निर्धारित नहीं किया जा सकता। दक्षिण में बीजापुर, गोलकुण्डा और अहमदनगर के तीन राज्यों में ही चित्रकला का विशेष रूप से निर्माण हुआ। बीजापुर की आदिलशाही सल्तनत का नाम इस क्षेत्र में मुख्य है।

राजपूत शैली

भारतीय चित्रकला के निर्माण में १५वीं शती ई० का समय अनेक दृष्टियों से महत्त्वपूर्ण है। इस समय संगीत, वास्तु और नृत्य आदि के साथ-साथ रागमाला-सम्बन्धी चित्रों का निर्माण और भित्तिचित्रों के साथ-साथ चित्रों का भी निर्माण हुआ। इन चित्रों पर अपभ्रंश शैली का प्रभाव है। किन्तु इस युग की विशिष्ट देन अपभ्रंश शैली के चित्र न होकर राजपूत शैली के चित्र हैं।

१५वीं से १७वीं शती ई० के बीच राजपूत शैली के जो चित्र बने, वे अधिकतर या तो मुगलों द्वारा नष्ट कर दिये गये या लूट लिये गये। ये सभी चित्र राजदरबारों में बने थे। इनके अतिरिक्त सामन्तों, जागीरदारों और दूसरे व्यक्तियों द्वारा तैयार कराये गये चित्र सुरक्षित रह गये। ये चित्र इसलिए सुरक्षित रह पाये कि उनको बेच दिया गया था। इस प्रकार के चित्रों में लघुचित्रों की अधिकता है। ये लघुचित्र आज इतनी अधिक संख्या में उपलब्ध हैं, कि उनके आधार पर राजपूत शैली का १७वीं शती ई० तक का इतिहास सहज ही में लिखा जा सकता है, जैसा कि अब तक हुआ नहीं।

भारतीय चित्रकला के इतिहास में राजपूत शैली की अपनी विशिष्टता और अपना स्वतंत्र अस्तित्व है। यद्यपि उसका निर्माण राजस्थान में हुआ किन्तु मध्य प्रदेश, पंजाब, उत्तर प्रदेश और हिमाचल प्रदेश आदि भारत के वृहद् भू-भाग के जन-जीवन को कई शतियों तक चित्र-कला की प्रेरणा देने में और भारतीय चित्रकला की परम्परा को अक्षुण्ण बनाये रखने में राजपूत शैली का मुख्य स्थान है।

राजपूत शैली की समृद्धि के अनेक केन्द्र रहे हैं, जहाँ से निरन्तर उसकी नयी लोकभावनी विधाओं का सृजन होता रहा। इन केन्द्रों की संख्या अनिश्चित है, क्योंकि राजस्थान के प्रत्येक नगर के नाम पर उसकी विभिन्न शाखाएं प्रकाश में आयीं। फिर भी ग्वालियर, मेवाड़, मारवाड़, बीकानेर, किशनगढ़, जयपुर और कोटा-बूंदी आदि नगरों के नाम पर राजपूत चित्रकला की नयी-नयी उपशैलियाँ प्रकाश में आयीं। इन उपशैलियों का अपना इतिहास है और उन सबका इतिहास ही राजपूत शैली के वृहद् स्वरूप को सूचित करता है।

मुगल शैली

भारत में मुगल सल्तनत के कायम हो जाने के बाद चित्रकला के क्षेत्र में एक नयी दिशा प्रकाश में आयी। मुगल सल्तनत का पिता बाबर उच्च कोटि का शासक था। उसका जन्म १४८३ ई० में हुआ और १५२७ ई० में वह वृहद् भारत का स्वामी बन बैठा। उसके तुर्कवंश की गुणग्राहकता, कलाप्रेम और विद्यानुराग उसमें भी कूट-कूट कर भरी हुई थी। वह स्वयमेव अच्छा कवि, चित्रसमीक्षक और गद्यकार था। भारत आते समय 'शाहनामा' की जिस सचित्र प्रति को वह अपने साथ लाया था वह आज भी एशियाटिक सोसायटी, लंदन की संपत्ति के रूप में वर्तमान है। बाबर ने अपने कार्यकाल में अच्छे-अच्छे चित्रकारों को आश्रय दिया और चित्र-कला के निर्माण में बड़ी दिलचस्पी ली। उसके बाद उसके पुत्र हुमायूँ ने अपने पिता की कला-विरासत को बढ़ाया। हुमायूँ के सम्बन्ध में कहा जाता है कि वह इतना कलाप्रेमी था कि युद्ध के समय भी चित्रों तथा चित्रकला की पुस्तकों को अपने साथ रखता था।

उसका पुत्र अकबर तो मानो कला का साक्षात् स्वरूप था। उसने अपना सिद्धान्त ही बना लिया था कि चित्रकला को नफरत करनेवाले व्यक्तियों से वह नफरत करता था। यद्यपि अकबर से पहले भी शाही दरबार में हिन्दू चित्रकार के सम्मान के साथ रह रहे थे, किन्तु अकबर के कारण सारे दरबार में हिन्दू मुसव्विरों का एकाधिपत्य हो गया। अकबर की बृहत् चित्रशाला थी। उसके पोथीखाने में एक लाख लागत की सचित्र पोथियाँ सुरक्षित थीं। उसका पुत्र जहाँगीर तो उससे भी बढ़कर निकला। उसके सम्बन्ध में कहा जाता है कि अनेक चित्रकारों द्वारा तैयार किये गये एक ही चित्र के विभिन्न कलाकारों के चित्रित अंश को वह अलग कर लेता था। उसने अपने कलाकारों को धन, उपाधि और जागीर देकर सम्मानित किया। अच्छे चित्रों के अलबम तैयार कराने का जहाँगीर को बड़ा शौक था।

इस परम्परा में दारा ने अवश्य ही चित्रकला के सम्वर्द्धन पर ध्यान दिया; किन्तु उसके बाद औरंगजेब के हाथों में सल्तनत की बागडोर आते ही मुगल शैली सदा के लिए समाप्त हो गयी।

मुगल शैली का आधार भारतीय न होकर ईरानी था। ईरानी और भारतीय कला-

शैलियों के सम्मिश्रण से जिस नयी शैली का जन्म हुआ उसी को 'मुगल कलम' कहा जाता है। मुगल शैली का रंग-विधान और अलंकरण-सज्जा भी सर्वथा अपनी है। उसमें राजवैभव और यथार्थवाद की प्रधानता है। मुगल शैली के चित्रों में अन्तःपुर का रूप-सौन्दर्य और विलासपूर्ण जीवन का चित्रण, बादशाहों के आमोद-प्रमोद के लिए दासियों तथा बेगमों की भड़कीली पोशाकें एवं झीने वस्त्रों के भीतर उभरे हुए अंग-प्रत्यंगों का रूपांकन अधिकता से किया गया है। मुगल चित्रों की एक विशेषता यह भी है कि उनमें अधिकतर चित्रकारों का नाम लिखा होता है।

पहाड़ी शैलियाँ

पहाड़ी चित्र शैलियों की निर्माण-भूमि हिमाचल का विस्तृत भू-भाग—जम्मू, टिहरी गढ़वाल, पठानकोट, कुल्लू, चम्बा, बसौली, कांगड़ा, गुलेर और मण्डी आदि पर्वतीय इलाके हैं। राजपूत शैली की सहवर्तिनो होने के कारण यद्यपि पहाड़ी चित्र-शैली का निर्माण १७वीं शती ई० के मध्यभाग में ही हो चुका था; किन्तु १८वीं शती ई० में पहुँचकर उसने स्वतंत्र रूप से लोकप्रियता प्राप्त की। पहाड़ी शैलियों के निर्माण में काश्मीरी, राजपूत और मुगल तीनों शैलियों का सहयोग रहा है। उनमें प्रमुखता राजपूत शैली की है। इस शैली के चित्रकारों ने राजपूत शैली से मौलिक योग, यथार्थवादी दृष्टिकोण और प्रेरणादायी तत्त्वों को ग्रहण कर अपनी कला की लोकप्रियता को बढ़ाया।

पहाड़ी शैली के चित्रकारों की एक विशेषता यह रही है कि उन्होंने जिस भी विषय पर हाथ लगाया उसी को उत्कर्ष पर पहुँचा दिया। पौराणिक, ऐतिहासिक, धार्मिक, काव्यमय और कलापरक आदि अनेक विषयों पर पहाड़ी शैली के चित्रकारों ने सैकड़ों चित्र बनाये। वाल्मीकि और व्यास से लेकर मतिराम तथा बिहारी आदि तक के ग्रन्थों के उन्होंने दृष्टांत चित्र उतारे। १९वीं शती ई० पहाड़ी शैली का स्वर्णयुग रहा है।

आधुनिक शैली

१९वीं शती ई० के साथ ही भारत की प्रमुख चित्र-शैलियाँ—राजपूत, मुगल, पहाड़ी और उनसे प्रभावित अनेक उप शाखाएँ विलुप्त हो गयीं। इसका कारण भारत में यूरोपीय कला का प्रवेश था।

आधुनिक शैली के भारतीय चित्रकारों में पहला नाम मदुरा के चित्रकार श्री अलाग्री नायडू और दूसरा नाम त्रावणकोर के राजा रवि वर्मा का है।

आधुनिक चित्र-शैली का सफल प्रवर्तन किया बंगाल स्कूल ने। इस वर्ग के चित्रकारों में अवनीन्द्र बाबू, गगनेन्द्र बाबू, रवीन्द्र बाबू, नन्दलाल बसु, देवी प्रसाद राय चौधरी, असितकुमार हालदार और समरेन्द्रनाथ गुप्त प्रभृति आचार्यों का नाम उल्लेखनीय है। यामिनी राय और अमृत शेरगिल आधुनिक शैली के स्वतंत्रतावादी चित्रकारों में हैं। उनका स्वतंत्र चिन्तन एक नयी दिशा का संकेत करता है।

आधुनिक शैली की सम-सामयिक पीढ़ी के चित्रकारों में मकबूल फ़िदा हुसेन, रज़ा, रामकुमार, के० एस० कुलकर्णी, मोहन सामन्त, के० के० हेब्बर श्रीकृष्ण खन्ना, जॉर्ज कीट, अकबर पदमसी, नारायण श्रीधर बेन्द्रे और शांति दवे आदि के नाम मुख्य हैं।

इस प्रकार भारतीय चित्रकला का ऐतिहासिक सर्वेक्षण करने पर ज्ञात होता है कि

प्रागैतिहासिक युग से लेकर आज तक के सहस्रों वर्षों के भीतर कला की जो धारा बही वह निरन्तर ही अग्रसर होती रही और भारत की चित्तभूमि को अभिसिंचित करके उसके द्वारा यहाँ के जन-जीवन को ताजगी और प्रेरणा प्राप्त होती रही ।

भारतीय कला में सत्यं, शिवं और सुन्दरं की महती भावना ओतप्रोत है । उसके आधार सत्यमय, परिणाम शिवमय और स्वरूप सौन्दर्यमय हैं । इसी शाश्वत चिन्त्य को लेकर भारतीय चित्रकला का विकास-विस्तार हुआ ।

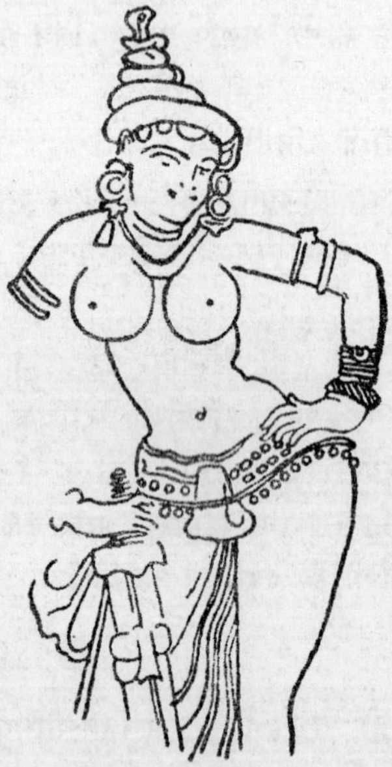

२

प्रागैतिहासिक युग

प्रागैतिहासिक चित्रकला

मानव-जीवन के अभ्युदय के साथ ही कला का भी आरम्भ हुआ। प्रागैतिहासिक युग की ऐसी अनेक गुफाएं और चट्टानें उपलब्ध हुई हैं, जिन पर खुदे हुए चित्रों को देखकर आदिम मानव की कलाभिरुचि का सहज ही परिचय मिलता है। कला के इन उपलब्ध अवशेषों ने इस धरती पर कला के पुरातन अस्तित्व को प्रमाणित करने के अतिरिक्त मानव जाति के इतिहास पर भी नया

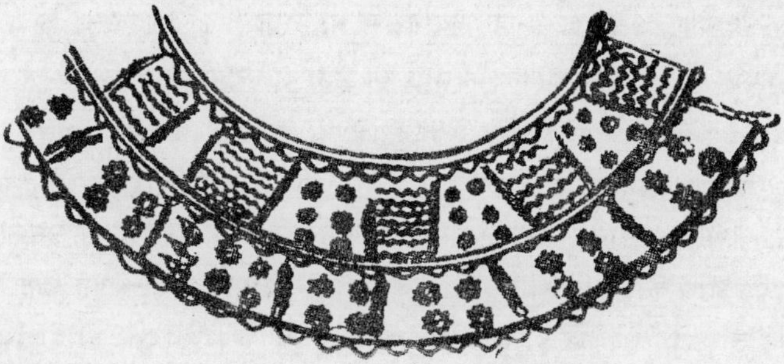

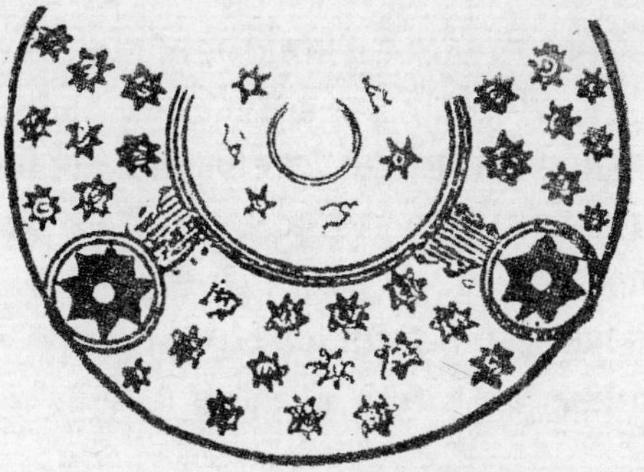

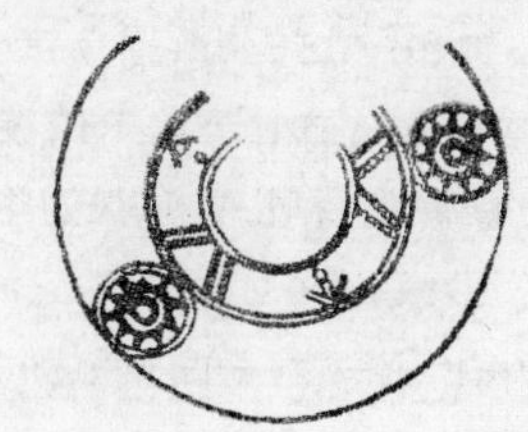

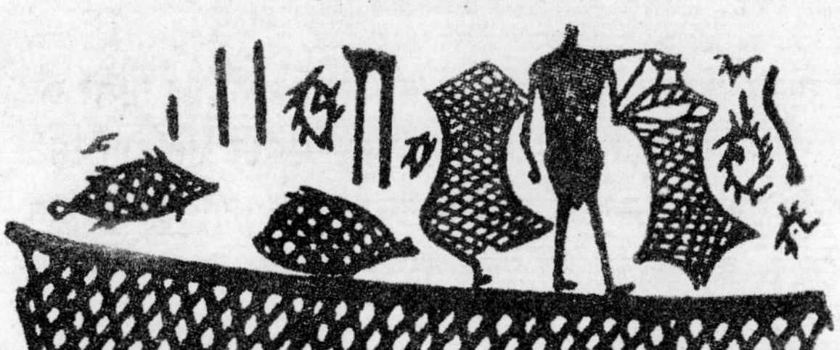

प्रकाश डाला है। स्पेन, फ्रांस, दक्षिण रोडेशिया, पेरू, अलास्का, लौसेक्स और भारत आदि संसार के विभिन्न देशों में आदिम युग की ऐसी चित्रांकित गुफाएँ प्राप्त हुई हैं, जिनका समय इतिहासज्ञों और कलावेत्ताओं ने लगभग ५०,००० से १०,००० ई० पूर्व निर्धारित किया है। ये अवशेष नव-पाषाण काल की मानव-सभ्यता के हैं।

भारत में चित्रकला का जन्म कब और कैसे हुआ—इसकी निश्चित सीमाएँ और उसके लिए अकाट्य प्रमाण प्रस्तुत करना संभव नहीं है। किन्तु प्रागैतिहासिक मानव की कलाप्रगति के परिचायक कुछ तथ्यों के आधार पर सहज ही यह कहा जा सकता है भारत में अत्यन्त पुरातन काल में कला का उदय हो चुका था। इस प्रकार के कलाखोजी इतिहासज्ञ विद्वानों में ब्राड्रिक, पिगॉट और अल्चिन आदि का नाम उल्लेखनीय है। इन विद्वानों ने संसार के प्रागैतिहासिक चित्रों की प्राचीनता का

विश्लेषण करते हुए, भारत में उपलब्ध चित्रों को अमेरिका तथा योरप के बाद रखा है। ये चित्र मध्य प्रदेश के आदमगढ़, रायगढ़; बिहार के चक्रधरपुर, सिंहनपुर; होशंगाबाद; मिर्जापुर के लखुनियाँ, कोहर और भल्डरिया आदि स्थानों से प्राप्त हुए हैं। इन चित्रों का समय लगभग २००० ई० पूर्व निर्धारित किया गया है। मिर्जापुर, सिंहनपुर, जोगीमारा आदि से प्राप्त चित्र-खुदी चट्टानें प्रागैतिहासिक युग की सिद्ध हो चुकी हैं। इन चट्टानों पर लाल-पीले रंगों से अंकित रेंगते हुए कीड़ों, पशुओं, पक्षियों, मनुष्यों और असुरों की आकृतियाँ चित्रित हैं। प्रागैतिहासिक युग के वस्त्रों, पाषाण-चित्रों और चित्रित मृत्तिका-पात्रों का पता तमिल नाडु, आंध्र, छोटा नागपुर, उड़ीसा, उत्तर प्रदेश और नर्मदा-उपत्यका आदि के अनेक स्थानों में भी लगा है। चित्रकला के ये प्रागैतिहासिक अवशेष कितने प्राचीन हैं—इसका ठीक-ठीक निश्चय नहीं हो पाया है।

जिसे आज हम वैदिक युग के नाम से कहते हैं वह नर्मदा, चम्बल, यमुना और सिन्धु की संस्कृति थी। वह युग भावप्रधान था। उस युग की जो रेखाकृतियाँ और मिट्टी, काष्ठ, धातु तथा शिलाओं पर पशु, पक्षी एवं मानव आकृतियों का चित्रण देखने को मिलता है उनका अध्ययन करने पर ज्ञात होता है कि आज की भाँति आदिम मानव भी सौन्दर्योपासक था। इस प्रकार के कुछ चित्रांकित चट्टानों का तो ऊपर उल्लेख किया जा चुका है। इनके अतिरिक्त बाँदा जिले के सरहाट, करियाकुण्ड, कर्पटिया तथा मालवा आदि स्थानों से उपलब्ध सामग्री बड़े महत्त्व की है। सरहाट में शिला पर लाल मिट्टी के रंग से चित्रित तीन अश्व उल्लेखनीय हैं। मालवा में चित्रांकित ऐसी गाड़ी मिली है, जिसमें पहिये नहीं हैं और जिस पर एक व्यक्ति बैठा हुआ है तथा उसके दोनों ओर दो अनुचर धनुष-बाण तथा दण्ड लिये खड़े हैं। करियाकुण्ड में एक ऐसा प्रागैतिहासिक चित्र मिला है, जिसमें एक बारहसिंघा और अनेक धनुर्धारी व्यक्ति उसका पीछा करते हुए दर्शाये गये हैं। इस विषय की सबसे सुन्दर और उल्लेखनीय चित्र-सामग्री पंचमढ़ी से प्राप्त हुई है। ये चित्र वहाँ के प्रसिद्ध महादेव पर्वत के चारों ओर अवस्थित अनेक चित्रित गुफाओं से प्राप्त हुए हैं। इसी प्रकार के कुछ चित्र होशंगाबाद के निकट आदमगढ़ नामक प्रागैतिहासिक स्थान से भी मिले हैं।

सिन्धु-सभ्यता के कलावशेष

सिन्धु-घाटी की प्रागैतिहासिक संस्कृति के सम्बन्ध में विद्वानों ने अनेक प्रकार के तथ्यों का पता लगाया है। आधुनिक खोजों से भारत के सुविस्तृत भूखण्ड में सिन्धु-सभ्यता का क्षेत्र सिद्ध हुआ है। यह क्षेत्र शिमला की पहाड़ियों से लेकर काठियावाड़ तक फैला हुआ था। किन्तु इस इतने विस्तृत क्षेत्र में मोहनजोदड़ो तथा हड़प्पा ही एकमात्र दो ऐसे नगरों का पता लग सका है, जहाँ से प्राप्त विभिन्न प्रकार की सामग्री तत्कालीन इतिहास, संस्कृति, कला और आर्थिक जीवन का साक्ष्य प्रस्तुत करती है।

ऐसा प्रतीत होता है कि सिन्धु-घाटी के निवासी कलाप्रेमी थे। वहाँ का सामान्य जन-जीवन कला के प्रति अत्यधिक रूप से आसक्त था। कलाकार होने के साथ-साथ विद्या और ज्ञान के प्रति भी उसकी गहन अभिरुचि थी। वह कलानुरागी समाज अपने अंग-उपांगों को विभिन्न भाँति के आभूषणों से अलंकृत करता था। हड़प्पा और मोहनजोदड़ो से प्राप्त काँसे की तन्वंगी नर्तकी, प्रस्तर धड़, वृषभ और वह मुहर, जिस पर पशुओं के बीच त्रिशूलधारी मानव पल्थी मारे बैठा है, अतीतकालीन भारत की कलाप्रियता के अमिट प्रमाण हैं।

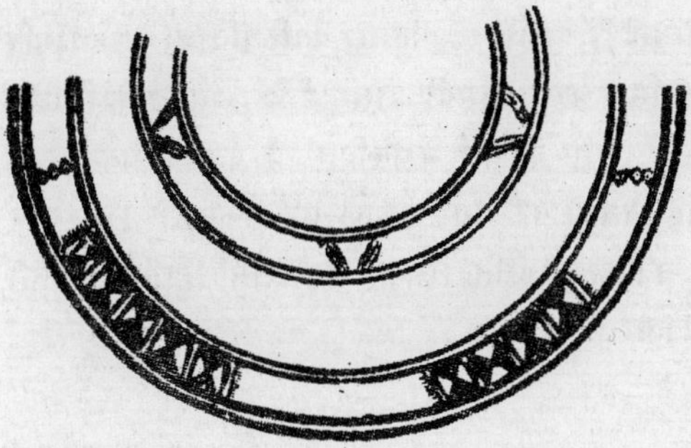

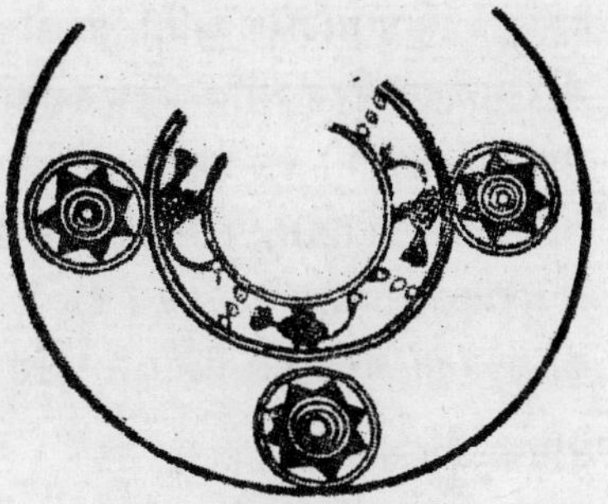

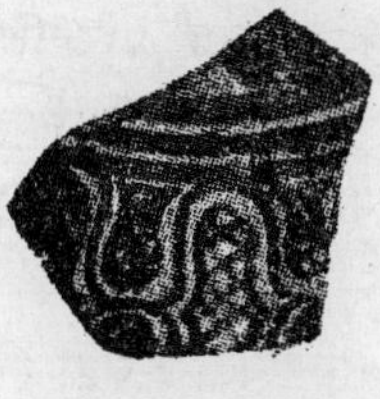

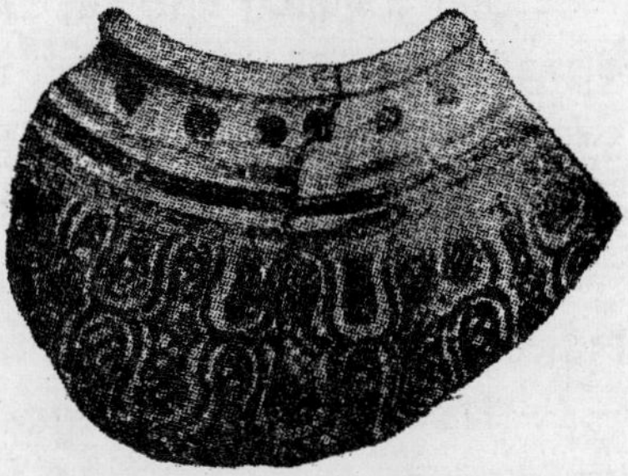

सिन्धु-घाटी के उक्त दोनों नगरों से प्राप्त कलात्मक अवशेष, जिनमें विविध भाव-भंगिमाएँ, सुन्दर मुद्राएं और श्रृङ्गार-प्रसाधन के अनेक परिष्कृत रूप देखने को मिलते हैं जो अतीतकालीन भारत के गहन कलानुराग का इतिहास प्रस्तुत करते हैं। वहाँ के उपलब्ध बर्तनों, पत्थरों, कांस्य मूर्तियों, मृण्मूर्तियों, टिकरों और मुहरों पर की गयी चित्रकारी भारतीय चित्रकला की प्राचीनतम एवं उत्कृष्ट थाती है। वहाँ की सिंह आदि पशुओं से अंकित चित्रमय मुहरें विशेष रूप से उल्लेखनीय हैं, जिनके प्रभाव की छाप दजला-फरात और दक्षिणी ईरान आदि की कला-कृतियों पर स्पष्ट है। ये चित्रांकन इतने अधिक कलात्मक और सराहनीय हैं कि उनके आधार पर विद्वानों ने उस युग की लिपि को 'चित्रलिपि' के नाम से अभिहित किया है और इस दृष्टि से उन्हें भारतीय चित्रकला की सहजनीय उपलब्धि स्वीकार किया है। ये मुहरें सेलखड़ी, चीनीमिट्टी मिट्टी और हाथी दांत आदि अनेक प्रकार की हैं। ये मुहरें पश्चिमी द्वीपान्तरों के भारतीय सांस्कृतिक सम्बन्धों पर भी प्रकाश डालती हैं। ये मुहरें व्यापारिक प्रयोजनों से बनायी गयी थीं और उन्हें राष्ट्रीय तथा अन्तर्राष्ट्रीय मान्यता प्राप्त थी।

मोहनजोदड़ो से उपलब्ध अवशेषों की तुलना एशिया के अनेक देशों के उपलब्ध उन्नत अवशेषों से की जाती है। वहाँ की कांस्यमयी नृत्यांगना, जिसे कि मेसोपोटामिया की किसी वारांगना की प्रतिमूर्ति बताया जाता है, जहाँ एक ओर तत्कालीन भारतीय कला की उन्नतावस्था की परिचायिका है, वहाँ उससे यह भी ध्वनित होता है कि उस अतीत युग में भारत के सुदूर द्वीपान्तरों से घनिष्ठ कलात्मक सम्बन्ध स्थापित हो चुके थे। इस कलाकृति की कलात्मक काया की विश्व के विद्वानों ने भूरि-भूरि प्रशंसा की है। सिन्धु-उपत्यका की इस सामग्री का तुलनात्मक अध्ययन करनेवाले आधुनिक कला-मर्मज्ञ विद्वानों का अभिमत है कि प्रागैतिहासिक भारत ने कला के माध्यम से एशिया के सुदूर देशों तक अपनी संस्कृति का प्रचार-प्रसार कर दिया था और वहाँ की कला-याती से वह उपादेय तथ्य ग्रहण कर चुका था।

सिन्धु-घाटी के अतिरिक्त लोथल (अहमदाबाद), मिर्जापुर, पटना, काठियावाड़, उदयगिरि और महाबलीपुरम् आदि अनेक स्थानों से प्रागैतिहासिक कला-सामग्री प्राप्त हुई है। भारत के विभिन्न भागों में आज भी इस प्रकार की प्रचुर कला-वस्तुएँ भूमि के गर्भ में निहित हैं, जिनके प्रकाश में आ जाने से इतिहास, पुरातत्व और संस्कृति आदि विषयों पर नया प्रकाश पड़ सकता है। सरकार के पुरातत्त्व विभाग ने १९५८ ई० से लेकर अब तक अनेक ऐतिहासिक एवं प्रागैतिहासिक स्थानों का उत्खनन करके इस दिशा में प्रशंसनीय कार्य किया है।

वैदिक युग की चित्रकला

वेदों के मंत्रद्रष्टा ऋषि तथा उस युग का सामाजिक जीवन बड़ा सरल, भावुक और प्रकृति का अनुरागी था। वैदिक युग में नृत्य, गीत, वाद्य, कविता और कला-कौशल आदि अनेक मनोरंजन के साधन विद्यमान थे। ये सभी मनोरंजन के साधन तब ललितकला के अन्तर्गत परिगणित होते थे। फिर भी वेदों में चित्रकला की विकसित स्थिति की खोज करना संभव नहीं है; किन्तु उसके प्रतीकात्मक सन्दर्भों से यह अवश्य ज्ञात होता है कि वैदिक युग का समाज वर्ण-सौन्दर्य और चित्रात्मकता के प्रति अभिरुचि रखता था।

वैदिक युग का सामाजिक जीवन साहित्य और कला को साथ लेकर आगे बढ़ा। जहाँ तक कला का सम्बन्ध है, उस युग में संगीत, मूर्ति, स्थापत्य और चित्र आदि की सभी दिशाएँ परम्परा की तुलना में उत्कर्ष की ओर अग्रसर थीं। कला के विभिन्न माध्यमों से सौन्दर्यानुभूति को अभिव्यंजित करनेवाला यह वैदिक युग वास्तव में अपने ढंग का अकेला था। आगे चलकर शिशुनाग, मौर्य और गुप्त आदि राजवंशों के समय जिस कला-समृद्धि के दर्शन होते हैं, उसके बीज वैदिक युग में ही अंकुरित हो चुके थे। गुप्तयुगीन शैव तथा वैष्णव मन्दिरों के द्वारों तथा चौखटों पर जो मकरवाहिनी गंगा और कूर्मवाहिनी यमुना देवियों की उभरी हुई मूर्तियों के अंकन का उल्लेख देखने को मिलता है, उनका आधार न तो बौद्ध तोरण था और न बौद्ध युग की यक्षिणी प्रतिमाएँ ही; बल्कि उनकी रूपरचना वैदिक युग की परिकल्पना पर आधारित थी। इसी प्रकार जैन-बौद्धों के स्तूप वैदिक युग की उन समाधियों की परम्परा के प्रतीक थे, जिनमें कुंभ के भीतर अस्थियाँ रखकर दबा देने का प्रचलन था।

ऋग्वेद की प्राचीनतम मंत्र-संहिता की एक ऋचा (१।१।४५) से ज्ञात होता है कि उस समय चमड़े पर चित्र अंकित करने का प्रचलन था। पश्चिमी एशिया के अनेक देशों में, विशेष रूप से मिस्र में चर्मचित्रों की सजीव उन्नत परम्परा इस आशय की पुष्टि करती है कि वैदिक युगीन भारत में भी चर्मचित्रों से निर्माण होने लगा था। ऋग्वेद के कुछ अन्य मंत्रों में यज्ञशालाओं की चौखटों पर द्वार देवियों के चित्र अंकित किये जाने का उल्लेख मिलता है। इन द्वार-देवियों का पूजन-अर्चन भी होता था। मौर्य युग में भी इस प्रकार की द्वार-देवियों के निर्माण की परम्परा प्रचलित थी। ऋग्वेद की कुछ ऋचाओं में उषा देवी तथा रात्रि देवी की आकृतियाँ अंकित करने का प्रमाण मिलता है।

वर्ण-सौन्दर्य और चित्रात्मकता के सुरुचिपूर्ण प्रतीक अथर्ववेद के सूर्य और सूर्यपुत्री सूर्या से सम्बद्ध मंत्रों में देखने को मिलते हैं। सूर्य को वहाँ विचित्र दीप्तियुक्त चित्रराध (चित्रं राधं यस्य सः), चित्रभानु, रोहित और विचित्र आदि अनेक विशेषणों से अभिहित किया गया है। सूर्य के ये विशेषण उसकी सप्तवर्णी किरणों, अर्थात् बहुविध वर्णात्मकता के द्योतक हैं। एक अन्य मंत्र (१३।२।३४) में तो सूर्य को देवों की चित्रित पताका (चित्रं देवानां केतुरनीकम्) कहा गया है।

सूर्यपुत्री सूर्या का विवाह-वर्णन जहाँ एक ओर देवत्व की असहज विभवता एवं दिव्यता का अभिव्यंजन करता है, वहीं दूसरी ओर उसमें मानव सामान्य की सहज अनुभूतियाँ भी अनुस्यूत हैं। सूर्या के अंजन-रंजित नेत्र, सुन्दर वस्त्रों से अलंकृत उसका शरीर और कुरार तथा ओपश की शैली में सँवारी गयी उसकी वेणी आदि सन्दर्भ तत्कालीन सौन्दर्य एवं कलाप्रिय अभिरुचि का द्योतन करते हैं। इस रूप में पतिगृह को विदा होती हुई सूर्या सुन्दर सुवासित पुष्पों, सुसज्जित नाना प्रकार के स्वर्णिम वर्णों से अभिरंजित उत्तम चक्रोंवाले रथ पर आरूढ़ हुई चित्रित की गयी है (आरोह सूर्ये अमृतस्य लोकम्—४।१।६१)। यह वर्णन वस्तुतः युग की उस सुरुचि तथा सौन्दर्यप्रियता का एक उदाहरण है, जिसने कला की व्यापक भाव-भूमि का निर्माण किया।

फिर भी वास्तविकता यह है कि वैदिक युग में कला या चित्रकला की दिशा में जो भी यत्न हुए हों; किन्तु ऐसा प्रतीत होता है कि भारतीय कला की भावी परम्परा कुछ दूसरे ही ढंग पर आगे बढ़ी। उपनिषदों में भी कलात्मक पुरुष परमेश्वर का वर्णन हुआ है। किन्तु वहाँ भी उसका लक्ष्य आध्यात्मिक उन्नति है। सामाजिक एवं भौतिक दृष्टि से कला की उपयोगिता का निरूपण वस्तुतः पौराणिक युग से हुआ। पुराणों के युग में निश्चित रूप से कला के विभिन्न रूपों को सँवारने में नये ढंग विचार एवं उद्योग हुए हैं। भारतीय कला एवं चित्रकला के उन्नत स्वरूप का काव्यात्मक पर्यालोचन वस्तुतः पुराणों में ही सर्वप्रथम देखने को मिलता है।

पौराणिक युग की चित्रकला

वेदों और उपनिषदों की अपेक्षा पुराणों में चित्रकला के सम्बन्ध में अधिक गंभीर और नये ढंग से कार्य हुआ। सम्पूर्ण भारतीय साहित्य में पुराण ही ऐसे ग्रन्थ हैं, जिनमें स्वतंत्र रूप और विस्तार से कलाओं एवं विशेष रूप से स्थापत्य और चित्रकला के विभिन्न अंगों पर प्रकाश डाला गया। पुराणों की इस प्रामाणिक और विपुल सामग्री के आधार पर विभिन्न ग्रन्थकारों ने अनेक विषय के ग्रन्थों में कला के महत्त्व पर प्रकाश डाला।

कला का सृजन यद्यपि पुराणों के पहले से ही होता आ रहा था और कला पर भी कुछ ग्रन्थ लिखे जा चुके थे; किन्तु शास्त्रीय दृष्टि से कला के विभिन्न प्राविधिक प्रश्नों पर नये दृष्टिकोण से पहले-पहल पौराणिक युग में ही विचार किया गया। प्राविधिक (तकनीकी) दृष्टि से कला के अंग-उपांगों का स्वरूप क्या होना चाहिए—इसका प्रामाणिक विवेचन पुराणों में ही देखने को मिलता है।

'विष्णुधर्मोत्तर पुराण' का 'चित्रसूत्र' इस विषय की प्रौढ़ रचना है। 'चित्रसूत्र' नामक इस प्रकरण को नौ अध्यायों में विभक्त किया गया है, जिनके नाम हैं, १. आयाममान वर्णन, २. प्रमाण वर्णन, ३. सामान्यमान वर्णन, ४. प्रतिमालक्षण वर्णन, ५. क्षयवृद्धि, ६. रंगव्यतिकर, ७. वर्तना, ८. रूपनिर्माण और ९. शृङ्गारादि भावकथन।

इन नौ अध्यायों में चित्रकला के विभिन्न अंग-उपांगों पर विस्तार से प्रकाश डाला गया है कि चित्र में छन्द और रस की उपयोगिता का आधार क्या है। चित्र में जो आनन्दमयता है वही छन्द है। हमारे अन्दर और बाहर असीम करुणा, दया, ममता और पीड़ा में यह छन्द ही तरंगायित है। छंद की परिणति रस में है। रस ही चित्र का सर्वस्व है।

छन्द और रस की इस शास्त्रीय व्याख्या के अतिरिक्त 'चित्रसूत्र' में वर्ण-विधान पर मौलिक विचार किया गया है। श्वेत, पीत, लाल, कृष्ण और नील, इन पाँच मुख्य रंगों और इनके मेल से तैयार होनेवाले सैकड़ों भिन्न-भिन्न रंगों का विस्तार से विवेचन किया गया है।

इनके अतिरिक्त चित्र में प्रमाण, आकृतियाँ, चित्रों की श्रेणियाँ, आकृति-चित्रण, प्रकृति-चित्रण और चित्रों के गुण-दोषों के सम्बन्ध में अनेक बातों पर बारीकी से विचार किया गया है।

चित्रविद्या की जिन प्राविधिक बातों का वर्णन 'विष्णुधर्मोत्तर पुराण' के उक्त 'चित्रसूत्र' में देखने को मिलता है वह अपने ढंग का अद्वितीय है और उसको देखकर भारत के अतीतकालीन कलात्मक गौरव का सहज ही स्मरण हो आता है।

पुराणों की अनेक कथाओं में शिल्प और कलाविषयक प्रचुर सामग्री सुरक्षित है। इस आधार पर यदि पुराणों का अध्ययन-अनुशीलन किया जाय तो प्राचीन भारत के कला-वैभव पर वृहत् इतिहास लिखा जा सकता है।

आलेख्य (चित्र) के षडंग

वात्स्यायन के 'कामसूत्र' में वर्णित चौंसठ कलाओं में आलेख्य (चित्रकर्म) का चौथा स्थान है। जयपुर राजसभा के विख्यात विद्वान यशोधर पण्डित ने 'कामसूत्र' पर 'जयमंगला' नाम से एक प्रसिद्ध टीका लिखी। इस टीका में यशोधर ने आलेख्य (चित्रकर्म) के छह अंगों का विस्तार से निरूपण किया है। चित्रकर्म के षडंगों के नाम हैं :—(१) रूपभेद, (२) प्रमाण, (३) भाव, (४) लावण्ययोजन, (५) सादृश्य और (६) वर्णिकाभंग :

रूपभेदाः प्रमाणानि भावलावण्ययोजनम् ।
सादृश्यं वर्णिकाभंग इति चित्रं षडङ्गकम् ॥

१. रूपभेद

रूप कहते हैं आकृति को। जगत् की विभिन्नता का आधार आकृति या रूप की अनेकता है। जिस विशेष गुण के समावेश से किसी आकृति में सौन्दर्य की अभिव्यक्ति होती है उसी गुणविशेष का नाम 'रूप' है।

रूप अनन्त हैं। उनको किसी परिधि में नहीं बाँधा जा सकता है। रूप की पहचान के दो माध्यम हैं : एक तो आँखों के द्वारा और दूसरा आत्मा के द्वारा। दृष्टि के द्वारा हम किसी लम्बी, छोटी, चौरस, गोल, मोटी, पतली, सफेद या काली वस्तु को ग्रहण करते हैं। किन्तु उस वस्तु के भीतर जो व्यापक सौन्दर्य, अनन्त अलंकृति और अपरिमित माधुर्य निहित है, उसे हम देखकर नहीं, अनुमान कर, चिन्तन-मनन कर आत्मा के द्वारा अनुभव करते हैं। इस नानारूप जगत् को भिन्न-भिन्न प्रकार से देखना और इस अखण्ड भिन्न को एक ही सत्ता में समाहित करके देखना, ये दोनों बातें क्रमशः आँखों और आत्मा के द्वारा ही संभव हैं। रूप से पहला परिचय आँखों का होता है और उसके बाद उसकी अनुभूति आत्मा को होती है। किसी भी कलाकृति के बाह्य गुण-दोषों की विवेचना हम उसे देखकर करते हैं; किन्तु उसके आभ्यन्तर गुण-दोषों की समीक्षा आत्मा के माध्यम से करते हैं।

किसी भी कलाकृति के बाह्याभ्यन्तर की परीक्षा हम देखकर करें या मस्तिष्क के विश्लेषण द्वारा करें, दोनों दशाओं में हमारे अन्दर अभिरुचि का होना आवश्यक है। जिस समय हम किसी वस्तु को देखते हैं और उसमें निहित अभिरुचि हमारे भीतर की अभिरुचि से समन्वित हो जाती है, तभी हम उस कृति की वास्तविक सुन्दरता या असुन्दरता का ज्ञान प्राप्त करने में समर्थ होते हैं। अभिरुचि हमारे मन की चिरन्तन दीप्ति है। उसके द्वारा ही हम रूप

(वस्तु) को 'सु' और 'कु' में विभाजित करते हैं। इस लिए प्रत्येक वस्तु को अपनी अभिरुचि से देखना और उस वस्तु में अन्तर्निहित सौन्दर्य-रुचि को अपने मन में बैठाना 'रूप' का वास्तविक बोध है।

किसी भी कलाकृति में रूप-रेखा जितनी ही स्पष्ट, स्वाभाविक और सुन्दर होगी, वह कलाकृति उतनी ही उत्कृष्ट होगी। किसी भी कृति की रूप-रेखा में वह विशेष गुण सन्निविष्ट होना आवश्यक है, जिसमें भिन्न-भिन्न रुचिवाले मनुष्यों का समान रूप से मनोविनोद हो सके। ऐसा तभी संभव है, जब वस्तु के रूप-भेदों की बारीकियों का सम्यक् ज्ञान हो। रूप-भेदों की सूक्ष्मताओं से अनभिज्ञ होने के कारण कलाकृति की वास्तविकता को नहीं आँका जा सकता है। विदेशी कला-समीक्षकों द्वारा दोषारोपण की दृष्टि से भारतीय कलाकृतियों को बहुधा रेखाप्रधान कहने का यही कारण रहा है कि वे भारतीय आलेख्य (चित्रकर्म) के रूपभेदों की जानकारी से अनभिज्ञ थे।

२. प्रमाण

आलेख्य के षडंगों में 'प्रमाण' दूसरा अंग है। प्रमाण कहते हैं मान, सीमा, कद, कँडा; अर्थात् वस्तु की विवरणात्मक स्थित को। प्रमाण, चित्रविद्या का वह अंग है, जिसके द्वारा हम प्रत्येक चित्र का मान (लम्बाई-चौड़ाई) निर्धारित कर सकें; मूल वस्तु की यथार्थता का ज्ञान उसमें भर सकें। प्रत्येक कलाकार में यदि पर्याप्त प्रमाण-शक्ति होगी, तभी वह अपनी कलाकृति में इस विशेष गुण का समावेश कर सकेगा।

एक छोटे-से कागज में समुद्र की अनन्तता को इस प्रकार खींचकर रख देना कि उसे देखकर समुद्र के सभी गुणों या विशेषताओं का अनायास ही भान हो सके, यह प्रमाण-शक्ति के द्वारा ही संभव है। हम चाहें कि सारे कागज को नीले रंग में डुबोकर उसे समुद्र का चित्र कहें, तो यह संभव नहीं है। आकाश से समुद्र का अन्तर, उसमें गहरे तथा हल्के रंगों का प्रयोग, उसकी स्थिरता का बोध और उसकी अथाह गहराई तथा अनन्तता का आभास, ये सभी बातें प्रमा के द्वारा ही निर्धारित की जा सकती हैं। तभी हम समुद्र का वास्तविक चित्र बना सकते हैं। यह प्रमा हमारे अन्तःकरण का ऐसा मापदण्ड है, जिसके द्वारा हम सीमित और अनन्त दोनों प्रकार की वस्तुओं को माप सकते हैं। प्रमा से केवल समीप या दूरी का ही बोध नहीं होता, अपितु किस वस्तु को कितना दिखाने से वह अधिक आकर्षक एवं मनोहर लग सकती है, इसका भी वह निश्चय कराती है। ताजमहल के निर्माता स्थपतियों ने उसके गुम्बद को न जाने कैसी परिमिति दी है कि वह सर्वथा अपूर्व एवं अनन्य लगता है। ताज अपनी बहुमूल्यता के कारण नहीं, अपितु अपनी परिमिति के कारण महत्त्वपूर्ण, श्रेष्ठ एवं सुन्दर है।

प्रमा के द्वारा ही हम मनुष्य, पशु, पक्षी आदि की भिन्नता और उनके विभिन्न भेदों को ग्रहण करते हैं। पुरुष और स्त्री की लम्बाई में क्या भेद है; उनके समस्त अवयवों का समावेश किस क्रम और परिमाण में होना चाहिए; अथवा देवताओं तथा मनुष्यों आदि के चित्रों का मान क्या है—इन सभी बातों का ज्ञान प्रमाण द्वारा ही किया जा सकता है।

३. भाव

षडंगों में 'भाव' का तीसरा स्थान है। भाव कहते हैं आकृति की भंगिमा को; उसके

स्वभाव, मनोभाव एवं उसकी व्यंग्यात्मक प्रक्रिया को। भारतीय दर्शन और काव्यशास्त्र में भावों की महत्ता पर अत्यन्त सूक्ष्मता तथा व्यापकता से विचार किया गया है। शरीर, इन्द्रिय और मन के धर्मों में विकार की स्थिति उत्पन्न करना भाव का कार्य है। विभावजनित चित्रवृत्ति का नाम ही 'भाव' है। निर्विकार चित्त में प्रथम विक्रिया की उत्पत्ति भाव के द्वारा ही होती है।

चित्र-रचना में भावाभिव्यंजन को बड़ा महत्त्व दिया गया है। भिन्न-भिन्न भावों की अभिव्यंजना से कलाकृति में भिन्न-भिन्न विकारों का समावेश होता है। भाव एक मानसिक प्रक्रिया है, जिसके लक्षण कायिक धर्मों द्वारा अभिव्यक्त होते हैं। मन में जिस रस का जो भाव उत्पन्न होता है, तदनुसार ही शरीर में भी परिवर्तन के लक्षण प्रकट होते हैं।

भावाभिव्यंजना के दो रूप हैं : प्रकट और प्रच्छन्न; या प्रत्यक्ष और अप्रत्यक्ष। प्रकट या प्रत्यक्ष भावरूप को हम आँखों से देखते हैं; किन्तु उसके प्रच्छन्न या अप्रत्यक्ष स्वरूप का व्यंजना के द्वारा अनुभव करते हैं।

वसन्त के नये फूलों में; उनकी सजीव भाव-भंगिमा में; समुद्र के ताण्डव गर्जन में; कपोलों पर हाथ रखकर बैठने में; आँखों पर आँचल डालकर रोने में; अस्त-व्यस्त वेश धारण करने में; पलकों के झुकाने में; अधरों के कम्पन और हाथ-पर-हाथ रखने में जो भाव प्रकट होते हैं उन्हें हम आँखों से देखते हैं। किन्तु भाव का जो प्रच्छन्न या परोक्ष रूप है, उसका जो गूढ़ आशय है उसे हम देखकर नहीं, अनुभव कर हृदयंगम करते हैं। कोयल के कण्ठ में किसका आह्वान है, हृदय के भीतर पैठी हुई किसकी वेदना अथवा किसका वियोग वसन्त की सारी खुशहाली को दुःख के वातावरण में डुबो रही है—ये बातें अनुभूतिगम्य हैं। चित्र की वे अलिखित बातें, जो आँखों से नहीं देखी जा सकती हैं, उन्हें व्यंजना के द्वारा जाना जा सकता है।

शारीरिक अंगों के परिवर्तन द्वारा हृदयस्थ भावों को दर्शित करने की परम्परा प्राचीन चित्रकला में अधिकता से देखने को मिलती है। शारीरिक अवयवों के परिवर्तन द्वारा तीन प्रकार के भाव प्रकट होते हैं। पहले प्रकार के भाव वे हैं, जो देखने, सुनने, सूंघने या स्वाद लेने से पैदा होते हैं; दूसरे प्रकार के भाव बोलने तथा काम करने से व्यक्त होते हैं और तीसरे प्रकार के भाव हृदय या मस्तिष्क पर किसी प्रकार की प्रतिक्रिया-स्वरूप उत्पन्न होते हैं। इन तीसरे प्रकार के हृदयस्थ भावों को दिखाना कठिन होता है। इसी में चित्रकार की निपुणता की परीक्षा होती है।

उदाहरण के लिए चित्र में किसी फकीर के प्याले को दर्शाना है। टूटा-फूटा, मैला-कुचैला प्याला अंकित करने से उद्देश्य पूरा नहीं हो सकता है। यदि प्याले के साथ फकीर को भी खड़ा कर दिया जाय तो वह फकीर का चित्र कहा जायगा, फकीर के प्याले का नहीं। ऐसे समय व्यंजना से काम लिया जाता है। चित्र की पृष्ठभूमि में ऐसी सहायक वस्तुओं को अंकित करना होगा, जिनसे फकीर का तो बोध हो सके, किन्तु उनमें प्याले का आकर्षण मुख्य हो।

४. लावण्ययोजना

चित्र में 'लावण्ययोजना' चौथा षडंग है। रूप, प्रमाण और भाव के साथ लावण्य का होना भी आवश्यक है। रूप की संयति या परिमिति को ही लावण्य कहते हैं। भाव भीतरी सौन्दर्य का बोधक है और लावण्य वाह्य सौन्दर्य का अभिव्यंजक। चित्र में वाह्य अलंकृति का

समावेश लावण्ययोजना द्वारा होता है। चित्र में कान्ति और छाया का समावेश भी लावण्य-योजना के द्वारा होता है। उसी के द्वारा चित्र में नयनाभिरामता आती है। निर्जीव प्रतिकृति लावण्य का संस्पर्श पाकर सजीव एवं प्राणवती हो जाती है। लावण्य, षडंग का पोषक एवं सम्वर्द्धक है। उससे भाव की सौन्दर्यानुभूति में वृद्धि होती है। रूप और प्रमाण षडंगों की योजना के बावजूद भी, लावण्य का समावेश किये बिना, चित्र में सुन्दरता एवं सौम्यता का समावेश हो ही नहीं सकता है। किसी भी चित्र में रूप, प्रमाण और भाव, सभी निष्प्रभ हैं, जब तक कि लावण्य को योजना उन्हें दीप्ति प्रदान न करे।

किन्तु चित्र में लावण्ययोजना उचित रूप में होनी चाहिए। ऐसे ही उचित रूप में, जैसे दाल में नमक। नमक की कमी-वेशी के कारण जैसे दाल का जायका नष्ट हो जाता है, वैसे ही लावण्य की समुचित योजना के बिना चित्र की सौन्दर्यानुभूति समाप्त हो जाती है। चित्र में लावण्य की ठीक वही स्थिति है, जो कसौटी पर सोने की रेखा की या साड़ी पर सुनहरी किनारी की।

५. सादृश्य

'सादृश्य' चित्रकर्म का पाँचवाँ षडंग है। किसी मूल वस्तु की अविकल प्रतिकृति की समानता का नाम ही 'सादृश्य' है। किसी रूप के भाव को किसी दूसरे रूप की सहायता से प्रकट करना ही सादृश्य का कार्य है। किन्तु सादृश्य को योजना में मूल वस्तु की वाह्याकृति की अपेक्षा उसकी प्रकृति या उसके स्वधर्म के स्वरूप का सादृश्य दिखाना अधिक उपयुक्त माना गया है। उदाहरण के लिए वेणी या चोटी से सर्प का सादृश्य इसलिए आरोपित किया जाता है कि उसमें धर्म-समानता है, प्रकृति-समानता है। मुख में चाँद की सादृश्यता का आधार भी यही है।

जिस वस्तु का चित्र अंकित किया जाता है उसमें यदि मूल वस्तु के गुण-दोषों का अविकल समावेश न हुआ तो वह वास्तविक कृति नहीं है। उदाहरण के लिए यदि हम कृष्ण का चित्र अंकित करना चाहें तो हमें देखना होगा कि उसमें क्या-क्या ऐसी विशेषताएँ हैं, जो केवल कृष्ण-रूप में ही निहित हैं। यदि इन विशेषताओं पर ध्यान न दिया जायेगा तो बहुत संभव है कि वह कृष्ण की जगह राम का चित्र हो जाय; क्योंकि राम का रंग भी साँवला होता है, उनके शिर पर भी मुकुट होता है, वस्त्र भी लगभग वे ही होते हैं। फिर दोनों के चित्रों में भिन्नता कैसे उत्पन्न की जा सकती है। इस भिन्नता के लिए सादृश्य षडंग का आश्रय लेकर हमें यह देखना होगा कि कृष्ण का मुकुट मोरपंख का होता है, राम का नहीं। कृष्ण के हाथ में वंशी होती है, राम के हाथ में धनुष-वाण आदि।

आकृति-व्यंजक राम और कृष्ण का उक्त सादृश्य कनिष्ठ कोटि का है। उत्तम कोटि का सादृश्य तो वह है, जो मनोभावों का व्यंजक हो। कवियों ने जो 'मुखचन्द्र' या 'चरणकमल' का सादृश्य बताया है, वह केवल आकृतिपरक न होकर उसमें प्रकृति, स्वभाव या धर्म की भी साम्यता है।

इस प्रकार अनेक बातें हैं, जो सादृश्य के द्वारा अवगत की जा सकती हैं। चित्र चाहे कल्पनाप्रसूत हो, चाहे वास्तविक; किन्तु दर्शक को यदि उसको पहचानने में भ्रम नहीं होता तो वही शुद्ध चित्र है। ऐसा सादृश्य के द्वारा ही संभव है।

६. वर्णिकाभंग

'वर्णिकाभंग' षडंग का छठा तथा अन्तिम अंग है। नाना वर्णों के योग से चित्र में जो भंगिमा उत्पन्न की जाती है, उसे ही 'वर्णिकाभंग' कहा जाता है। चित्र में किस स्थान पर किस रंग का प्रयोग करना चाहिए तथा किस रंग के समीप किसका संयोजन होना चाहिए, वर्णिकाभंग द्वारा ही इस वर्ण-विधि का ज्ञान प्राप्त किया जाता है। रंगों की विभिन्नता से ही वस्तुओं की भिन्नता प्रकट होती है।

चित्र के षडंग में वर्णिकाभंग का स्थान इसलिए अन्त में रखा गया है कि षडंग-साधना का वह चरम विन्दु है। शेष पाँचों अंगों की साधना हम कागज पर बिना एक रेखा खींचे हुए, केवल मन तथा दृष्टि के चिन्तन द्वारा, भी कर सकते हैं। किन्तु वर्णिकाभंग के ज्ञान के लिए हमें हाथ में तूलिका लेकर दीर्घ अभ्यास करना होगा। इतना ही नहीं, अपितु वर्णज्ञान के बिना शेष पाँचों अंगों की साधना व्यर्थ हो जाती है।

यद्यपि प्रमुख वर्ण पाँच माने गये हैं : श्वेत, पीत, लोहित, कृष्ण और नील—तथापि उनके सम्मिश्रण से सैकड़ों उपवर्णों का निर्माण होता है। प्रकृति, व्यक्ति, पशु, पक्षी, वृक्ष, लता आदि अनन्त प्रकार के चित्रों में रंगों का किस भाँति प्रयोग होना चाहिए, इसका ज्ञान वर्णिकाभंग द्वारा ही संभव है।

वर्णिकाभंग के लिए लघुता, क्षिप्रता और हस्तलाघव की आवश्यकता है। आँख की पुतली, भरे कपोलों की शोभा, हास्य की सूक्ष्म रेखा, हस्तकौशल में थोड़ा भी न्यूनता आयी कि साधना व्यर्थ हुई। केवल फूलों का रंग ही नहीं, उनके सौरभ को दिखाना भी अनिवार्य है; इसी प्रकार सूर्य की किरणों का रंग दिखाना ही पर्याप्त नहीं है, दिखाना यह होगा कि सुबह, दोपहर और सायंकाल उनके उत्ताप का स्पर्श क्या होता है।

वर्णज्ञान की आवश्यकता इसीलिए बतायी गयी है, और इसी कारण चित्रकला के षडंगों में वर्णिकाभंग की साधना कठिनतर है।

निष्कर्ष

चित्रकला के उक्त षडंगों का परिचय प्राप्त करने के उपरान्त स्वभावतः यह विश्वास होता है कि भारत में कला की जो अपार थाती सुरक्षित है उसके मूल्य-महत्त्व का कारण यही रहा है कि उसके निर्माता कलाकारों को उक्त षडंगों का पूर्ण ज्ञान था। चित्रकला के विद्यार्थी के लिए उक्त षडंगों की पूर्ण जानकारी होना नितान्त आवश्यक है।

३

बौद्ध शैली

२०० ई० पूर्व से ६५० ई० तक

बौद्धकला का उद्गम

बौद्धकला की पृष्ठभूमि

बौद्धकला की ऐतिहासिक पृष्ठभूमि की जानकारी के लिए तत्कालीन भारत की परिस्थितियों का अध्ययन करना आवश्यक है। आज से लगभग ढाई हजार वर्ष पूर्व संस्कृति, साहित्य, धर्म और राजनीति की दिशाओं में जो आमूल परिवर्तन हुआ जिसके कारण थे महावीर स्वामी और गौतम बुद्ध। इन दोनों महापुरुषों ने वैभवशाली राज-परिवारों में जन्म लेकर फकीरी का जीवन वरण किया और अपने उपदेशों तथा अपनी शिक्षाओं द्वारा समाज की कायापलट कर दी। उनके सुधार-कार्यों का समस्त राष्ट्र ने अनुसरण किया, जिसके फलस्वरूप बौद्धिक, वैचारिक तथा सांस्कृतिक क्षेत्रों में नयी मान्यताओं की स्थापना हुई। वैचारिक स्वातंत्र्य के अनुकूल वातावरण में जहाँ एक ओर बुद्धिजीवियों ने विपुल साहित्य की रचना कर सहस्रों ग्रन्थागारों एवं ज्ञान-भाण्डारों को भरपूर किया, वहीं कलाकारों ने देश के एक छोर से दूसरे छोर तक मन्दिरों, विहारों, स्तूपों, मूर्तियों और चित्रों का निर्माण कर परम्परागत भारतीय कला के इतिहास में नये अध्याय का सूत्रपात किया। जैनकला और बौद्धकला के उदय की यही संक्षिप्त ऐतिहासिक पृष्ठभूमि है। कला के इस नव-निर्माण ने सारे राष्ट्र में भावात्मक एकता स्थापित करके राष्ट्रीय उत्थान में महत्त्वपूर्ण योगदान किया, जिसकी प्रेरणा एवं परम्परा आगे सैकड़ों वर्षों तक अक्षुण्ण रूप में बनी रही।

बौद्धकला के उद्गम की पृष्ठभूमि अपने-आप में बड़ी महत्त्वपूर्ण है। ईसा के लगभग छह सौ वर्ष पूर्व का भारत धार्मिक दृष्टि से बड़ा अव्यवस्थित था। राजनीतिक दृष्टि से यह शिशुनागवंश की राज्य-स्थिति का समय था, साहित्यिक दृष्टि से यह सूत्र-ग्रन्थों एवं दर्शन की विभिन्न शाखाओं की पृष्ठभूमि का निर्माणकाल था और धार्मिक दृष्टि से जैन-बौद्धों के उदय का समय। धार्मिक सुधार के कारण और समाज की विश्वासपात्रता को प्राप्त कर जैनों ने सबसे बड़ा जोर दिया साहित्य के निर्माण पर। कला के क्षेत्र में भी उन्होंने उल्लेखनीय कार्य किया। उन्होंने ताड़पत्र, भोजपत्र, कपड़े एवं कागज पर सहस्रों पोथियाँ लिखकर भारतीय ज्ञान की परम्परागत थाती को उजागर किया। पोथियों की दफ्तियों और उनके बीच-बीच में उन्होंने सुन्दर चित्र बनाये। जैन चित्रशैली पर आगे स्वतंत्र रूप से विचार किया गया है।

बौद्धकला के उद्गम की विधा कुछ भिन्न है। भगवान् तथागत के अनुयायियों में एक वर्ग व्यापारियों एवं धनिकों का भी था, जिसके बौद्धानुराग की देन तत्कालीन असंख्य विहारों के निर्माण और कलापूर्ण भव्य स्तूपों की रचना में भारत के ओर-छोर तक देखने को मिलती है। स्तूपों, चैत्यों और विहारों के अतिरिक्त बौद्धकला की विरासत हमें मन्दिरों एवं कांस्यमयी तथा मृण्मयी मूर्तियों में भी देखने को मिलती है। बौद्ध रुचियों से प्रभावित भारत के इस मूर्तिशिल्प को बौद्ध-ज्ञान के अभीप्सु भिक्षुओं ने एशिया के कोने-कोने में फैलाया। भारत के उत्तर-पश्चिम

में इसी बौद्धकला के साथ यूनान और रोम की कला-शैलियों का सम्मिश्रण होने से गांधार नामक नयी कला-शैली का उदय हुआ, जिसने भारतीय स्थापत्य को व्यापक रूप से प्रभावित किया और जिसके प्रमाण असंख्य मूर्तियों के रूप में वर्तमान हैं ।

मूर्तिकला की अपेक्षा चित्रकला के क्षेत्र में बौद्ध शैली के कलाकारों का दूसरा ही दृष्टिकोण रहा है । गुप्तकाल से पूर्व बौद्धकाल की परम्परा मूर्ति-निर्माण में सुरक्षित रहती आयी और तदनन्तर वह स्थान चित्रकला ने ले लिया । बौद्धशैली के मूर्ति-निर्माण की अपेक्षा बौद्ध चित्रकला का भारत और सुदूर एशिया में व्यापक प्रचार-प्रसार हुआ ।

तिब्बती इतिहासकार लामा तारानाथ ने बौद्ध चित्रकला की तीन प्रमुख शैलियों का उल्लेख किया है, जिनके नाम हैं : देव शैली, यक्ष शैली और नाग शैली । देव शैली मगध में प्रचलित थी, यक्ष शैली का प्रचलन सम्राट् अशोक के समय में हुआ था और नाग शैली की प्रसिद्धि आचार्य नागार्जुन के समय तीसरी शती ई० में थी । इसी प्रकार बौद्ध चित्रकला के तीन प्रमुख केन्द्र थे : मध्यदेशीय, पश्चिमीय और पूर्वीय । इनके अतिरिक्त दक्षिण भारत, नेपाल, बर्मा आदि में भी उसके अनेक केन्द्र थे ।

बौद्ध चित्रकला की उपलब्धि : भित्तिचित्र

भारत में बौद्ध चित्रकला की महान् विरासत भित्तिचित्रों के रूप में सुरक्षित है । भारतीय चित्रकला के गौरवशाली इतिहास का आरंभ भित्तिचित्रों से ही होता है । ये भित्तिचित्र भारत के ओर-छोर तक सर्वत्र बिखरे हुए हैं । इन भित्तिचित्रों के माध्यम से बौद्ध चित्रकला ने इतनी लोकप्रियता प्राप्त की कि जिससे उत्तर-पश्चिम सीमा प्रान्त और मध्य एशिया के समस्त देशों की कलात्मक मान्यताओं के क्षेत्र में महान् परिवर्तन हुआ ।

विश्व के किसी भी क्षेत्र में इनकी तुलना में चित्र नहीं बने । विश्व के कलाप्रेमियों एवं कलाविदों के लिए भारतीय भित्तिचित्रों का आकर्षण निरन्तर बना हुआ है ।

कुछ भित्तिचित्र ऐसे उपलब्ध हैं, जिनकी प्राचीनता आज से लगभग दो हजार वर्ष से भी अधिक है । लगभग बारह-तेरह सौ वर्ष पुराने भित्तिचित्र तो बहुत बड़ी संख्या में उपलब्ध हैं । अजन्ता का उनमें प्रमुख स्थान है । इन इतने पुराने चित्रों को देखकर आज भी यह प्रतीत होता है कि वे अभी-अभी बने हैं । इसका कारण यह है कि उनमें जिन रंगों को प्रयुक्त किया गया है, वे विशेष प्रकार की शास्त्रीय विधि से तैयार किये जाते थे । संस्कृत साहित्य में सुरक्षित कला के लक्षण-ग्रन्थों का अध्ययन कर सहज ही यह जानने को मिलता है कि भित्ति तैयार करने से लेकर उस पर चित्र-रचना करने तक की विधियाँ कितनी सूक्ष्म, श्रमसाध्य, साधनापरक, और प्राविधिक थीं ।

जिन भित्तिचित्रों ने आज भी भारतीय कला के अतीत का गौरवशाली इतिहास सुरक्षित रखा है, उनमें अजन्ता का प्रथम स्थान है । अजन्ता के अतिरिक्त जोगीमारा, बाघ, बादामी, सित्तनवासल, एलोरा आदि की गुफाओं का उल्लेखनीय नाम है । इनके अतिरिक्त कार्ले, भज, उदयगिरि, खण्डगिरि और नीलगिरि की प्रागैतिहासिक तथा ऐतिहासिक गुफाओं में सुरक्षित कला-कृतियाँ भी भित्तिचित्रों के निर्माण की उन्नत परम्परा का द्योतन करती हैं ।

अजन्ता

अजन्ता बौद्ध चित्रकला का प्रमुख केन्द्र है। अजन्ता की इन विहार-गुफाओं में न केवल चित्रकला, अपितु स्थापत्यकला और मूर्तिकला का भी अपूर्व संयोग देखने को मिलता है। अजन्ता की कला-कृतियों की लोकप्रियता का एकमात्र कारण है भक्ति, उपासना और प्रेम की त्रिवेणी का मनोरम संयोग। इन भव्य एवं विशालकाय कला-कृतियों में अभय, भूमिस्पर्श एवं धर्मचक्र-प्रवर्तन की विभिन्न मुद्राओं द्वारा भगवान् तथागत के जीवन-सिद्धान्तों, विशेष रूप से शान्ति और अहिंसा के उपदेशों का जिस कुशलता से अभिव्यंजन किया गया है विश्व के कला-जिज्ञासुओं के लिए उसका चिरन्तन महत्त्व है।

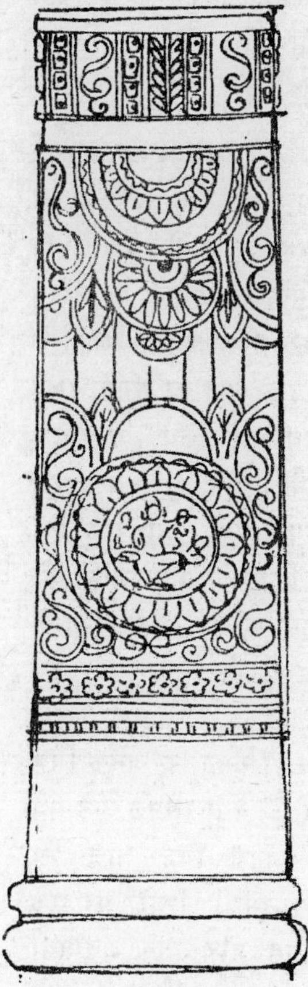

तीसरी गुफा के खम्भों पर की गयी चित्रकारी—अजन्ता

अजन्ता में कला की जो अपरिमित समृद्धि देखने को मिलती है, उससे सहज ही यह सिद्ध होता है कि उसके सृष्टा कलाकार अपने-अपने युगों का प्रतिनिधित्व करते थे। उन निपुण कलाकारों ने अजन्ता की कला-थाती का निर्माण कर भारतीय संस्कृति की समृद्धि में अपूर्व योगदान किया। अजन्ता की ये कला-कृतियाँ भारतीय संस्कृति की चरमोन्नति का द्योतन करती हैं। धर्म के सदाशय एवं लोकोपकारी पक्ष को अपनाकर इन कलाकारों ने अपनी कृतियों को विश्व के कला-इतिहास की सर्वोत्तम कृतियों में स्थापित किया। न केवल एशिया, अपितु विश्व के जन-जीवन में वरेण्य तथागत बुद्ध के महान् आदर्शों को अभिव्यंजित करनेवाली अजन्ता की ये कला-कृतियाँ स्वतः ही सदाशय प्रेरणा का स्रोत बन गयीं। उनमें मनुष्य-जीवन के समष्टिमय ऐक्य के दर्शन होते हैं। उनमें राजा तथा रंक को समान भूमि पर अवस्थित किया गया है, जिसकी प्रेरणा के आधार तथागत के मानवतावादी आदर्श थे।

अजन्ता में कुल मिलाकर २९ गुफाएँ हैं, जिनके दो भाग किये जा सकते हैं : चैत्य-गुफाएँ और विहार-गुफाएँ। ९, १०, ११ और २६वीं चैत्य-गुफाएँ और शेष विहार-गुफाएँ हैं। पहले भाग की गुफाएँ प्रार्थना-आराधना की दृष्टि से और दूसरे भाग की गुफाएँ रहने तथा अध्ययन करने की दृष्टि से बनायी गयी प्रतीत होती हैं। १ से १८ तक की गुफाओं के मुख दक्षिण दिशा की ओर और शेष के पूर्व दिशा की ओर हैं। सभी गुफाओं में चित्र बने हैं; किन्तु १, २, ९, १०, १६ और १७वीं गुफाओं के चित्र ही अब तक सुरक्षित रह पाये हैं। अजन्ता की इन गुफाओं में यद्यपि वास्तु, मूर्ति और चित्रकला की इस त्रिवेणी का संगम हुआ है, तथापि उसको जो विश्वव्यापी ख्याति प्राप्त हुई उसका कारण उसकी चित्र-थाती है।

इतिहास

अजन्ता की कला-कृतियों का निर्माण मौर्य, शुंग, सातवाहन, कुषाण, वाकाटक और गुप्त आदि अनेक राजवंशों के समय (३०० ई० पूर्व से ७०० ई० तक) निरन्तर होता गया। लगभग

प्रथम शती ई० से लेकर ७वीं शती ई० तक अजन्ता की कला-कृतियों का विशेष रूप से निर्माण होने के साथ-साथ पुनरुद्धार और पुनः संस्कार भी होता रहा। इस सम्बन्ध में यह बात भी विशेष रूप से ध्यान देने योग्य है कि उसके निर्माण में उक्त प्रत्येक राजवंश ने बड़ी अभिरुचि दिखायी। उन चित्रों में जो अनेकता के दर्शन होते हैं, उसका कारण भी यही है कि वे विभिन्न युगों में निर्मित होते रहे। उनका बारीकी से विश्लेषण करने वाले कलावेत्ता विद्वानों का अभिमत है कि अजन्ता में लगभग बीस प्रकार की विभिन्न शैलियों का सम्मिश्रण है। किन्तु उनमें प्रधानता गुप्त शैली की है।

ऐसा अनुमान किया जाता है कि आरम्भिक गुफाओं का निर्माण, जिनमें लक्षण की प्रधानता है, ईसा की दो शतियों पहले ही हो चुका था। इस प्रकार की गुफाओं में ९वीं तथा १०वीं गुफा का नाम पहले आता है। तत्पश्चात् लगभग दो-ढाई सौ वर्षों तक किसी अज्ञात कारणवश वहाँ का निर्माण-कार्य स्थगित पड़ा रहा और तदनन्तर बड़ी तीव्र गति से उसका पुर्ननिर्माण हुआ।

शुंगयुगीन दक्षिण भारत में बौद्धकला का विकास कहाँ तक हो चुका था, इसका प्रमाण अजन्ता की १०वीं गुफा के कुछ अवशिष्ट चित्रों को देखकर मिलता है। इन अवशेषों को देखकर सहज ही यह अनुमान लगाया जा सकता है कि वे शुंगयुगीन कला की किसी विकसित शैली पर आधारित हैं। दो समकालीन ब्राह्मी लेखों के आधार पर उक्त गुफा का समय २०० ई० पूर्व निर्धारित किया गया है। ९वीं गुफा के चित्रों में आभूषण धारण किये तथा पगड़ी पहने जो आकृतियाँ दर्शित हैं, वे किसी आदिम जाति की सूचक हैं। इस कारण ९वीं गुफा के चित्रों का समय भी २०० ई० पूर्व रखा गया है।

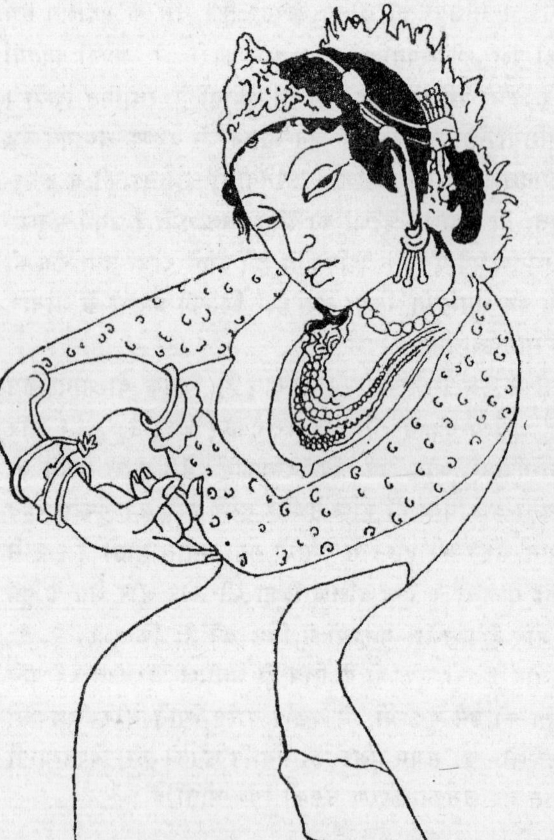

समलंकृता नर्तकी

यद्यपि ९वीं गुफा के अनेक चित्र नष्ट हो गये हैं तथा धूमिल पड़ गये हैं, तथापि अनेक चित्र आज भी सुरक्षित हैं। उसकी भित्ति पर एक चित्र में तथागत और उनके अनुयायी शिष्यों का एक दृश्य अंकित है, जिसे अजन्ता का प्राचीनतम चित्र कहा जाता है। एक अन्य चित्र में कुछ स्त्रियों के साथ एक राजा चित्रित है। उसके शिर पर सर्प का प्रतीक बना होने के कारण वह किसी नागराज का चित्र प्रतीत होता है। उसके पीछे कुछ

परिचारक भी चित्रित हैं। वे भाले, धनुष-बाण, तलवार और परशु धारण किये हुए हैं। स्त्रियाँ संगीत-नृत्य की मुद्रा में हैं। वे हार, वलय तथा कर्णाभूषण धारण किये हुए हैं। उनके केश-प्रसाधन का ढंग भी दर्शनीय है।

१०वीं गुफा के अपेक्षातर कम चित्र सुरक्षित रह पाये हैं। गुफा की बाईं दीवार पर किसी ध्यानस्थ राजा और उसके अंगरक्षकों के चित्र अंकित हैं। कुछ नर्तकियाँ भी उनमें चित्रित हैं। ये आकृतियाँ भी अपने पूर्व की किसी विकसित शैली के प्रतिरूप प्रतीत होती हैं। इसी गुफा की दाहिनी दीवार पर 'षडन्त जातक' से सम्बद्ध चित्र हैं। उनके नीचे अभिलेख खुदा है। यद्यपि यह अभिलेख अपूर्ण है; फिर भी उसकी लिपि का अध्ययन करने पर विद्वानों ने उसे २०० ई० पूर्व का निर्धारित किया है और यह भी स्थापित किया है कि ९वीं तथा १०वीं गुफा के चित्रों का समय लगभग एक ही है। एक चित्र में राजा को स्तूप की पूजा करते हुए चित्रित किया गया है। स्तूप की चित्रावली के पास कुछ अप्सराएँ दर्शायी गयी हैं। उन्होंने जो वस्त्राभूषण धारण किये हैं, वे ९वीं गुफा के स्त्री-पुरुषों के समान हैं। इसी गुफा के स्तम्भों पर भगवान् तथागत के चित्र भी अंकित है। किन्तु ये कुछ बाद के प्रतीत होते हैं। श्री पर्सी ब्राउन का अभिमत है कि ९वीं तथा १०वीं गुफा के चित्रों का समय वह है, जब उसके आस-पास का प्रदेश द्रविड़ राजाओं के अधीन था, जो कि ब्राह्मण मत के अनुयायी थे; किन्तु जो बौद्ध धर्म के प्रति भी निष्ठा रखते थे।

वाकाटक राजाओं के अभिलेखों से प्रतीत होता है कि १, २, १६ और १७वीं गुफाओं का निर्माण वाकाटक नरेश हरिषेण (४७५-५०० ई०) के सचिव वाराहदेव के समय में हुआ। १ली और १६वीं गुफाओं के शिल्प-विधान में भी पर्याप्त साम्य है। इससे स्पष्ट है कि उनका निर्माण एक ही समय में हुआ। कालक्रम की दृष्टि से तत्पश्चात् १७वीं गुफा का स्थान है। तदनन्तर २, २१, २५, २६वीं गुफाओं का निर्माण ६०० ई० के बाद हुआ। पल्लव नरेश नरसिंहवर्मन् द्वारा पुलकेशी द्वितीय को पराजित करने के बाद, लगभग ६४२ ई० तक अजन्ता का निर्माण कार्य रुक गया था।

अजन्ता के निर्माण में गुप्त सम्राटों का विशेष योगदान रहा है। उनके योगदान तथा कला-प्रेम की साक्षी १ली, १६वीं और १७वीं गुफाएँ हैं। अजन्ता के समस्त कला-वैभव में उनका सर्वाधिक महत्त्व है। पहली गुफा का अवलोकितेश्वर का चित्र, सोलहवीं गुफा का गृह-त्याग-सम्बन्धी चित्र और सत्रहवीं गुफा का माता-पुत्र विषयक चित्र विशेष रूप से उल्लेखनीय है।

अजन्ता के गुप्तकालीन चित्रों में रेखाओं का सौष्ठव, रंगों का वैविध्य, आकृतियों की सुघराई और अलंकरणों का मार्दव प्रशंसनीय है। उनके अंग-प्रत्यंगों का गठन, शरीर की लोच और मुद्राओं की गतिमत्ता उच्चकोटि की है। प्रायः एक ही लक्ष्य एवं उद्देश्य में निहित होने के कारण उनमें एकरूपता है और अपने दर्शकों को वे अतीत के उस वातावरण में ले जाने की पूरी क्षमता रखते हैं, जब

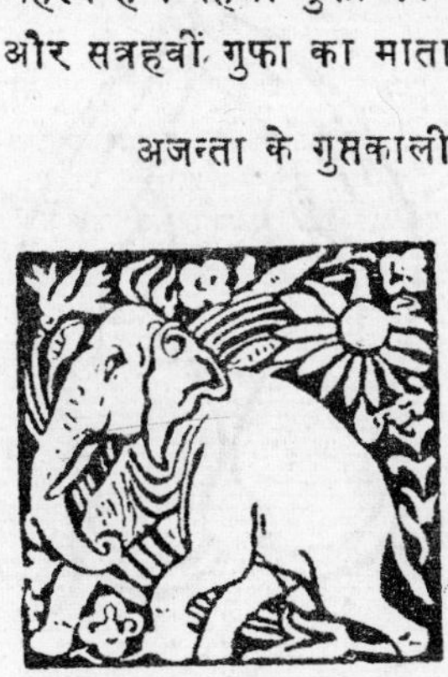

कमल वन में हाथी

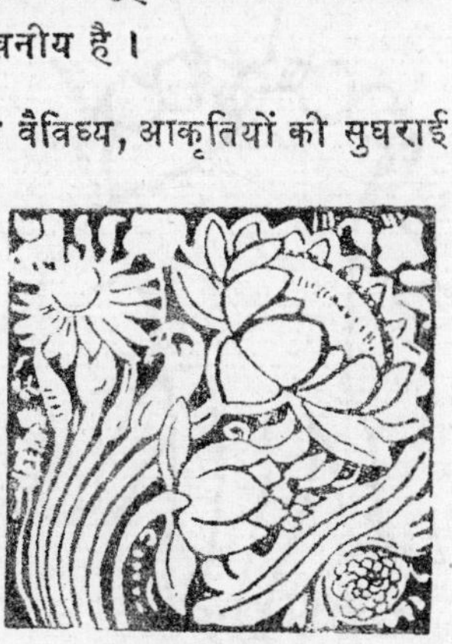

विकसित कमल

एक महामानव का इस धरती पर अवतरण हुआ था, और जिसने मानवता को करुणा, दया तथा सहानुभूति का दिव्य सन्देश दिया। इसके साथ ही दृश्यों की अनेकता और भावों की विविधता के अभिव्यंजन का कौशल भी गुप्तयुगीन चित्रों की विशेषता है।

अजन्ता के चित्रों का विषय

विषय की दृष्टि से अजन्ता की चित्रावली को तीन प्रमुख भागों में विभक्त किया जा सकता है : १. आलंकारिक, २. रूपभेदिक और ३. वर्णनात्मक। पहली श्रेणी के चित्रों में पशु-पक्षियों से युक्त पुष्प-लताएँ, अलौकिक पशु, राक्षस, किन्नर, नाग, गरुड़, यक्ष, गन्धर्व और अप्सरा आदि को रखा जा सकता है। दूसरी श्रेणी के चित्रों में लोकपाल, बुद्ध, बोधिसत्त्व, राजा-रानियाँ आदि का समा-

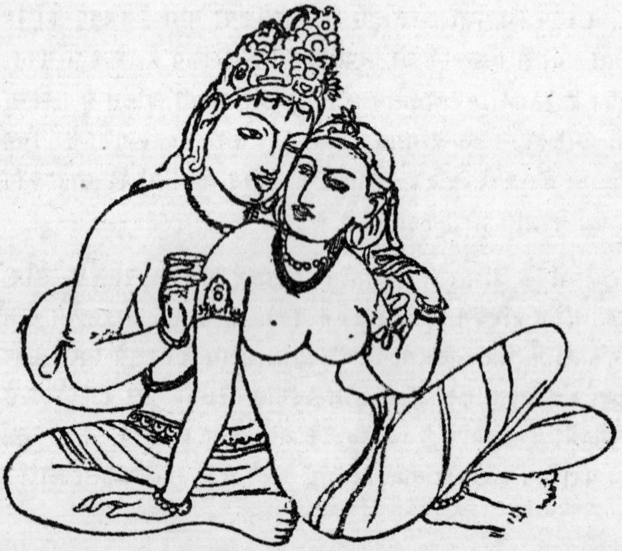

प्रेमी युगल – अजन्ता ६ठीं शती

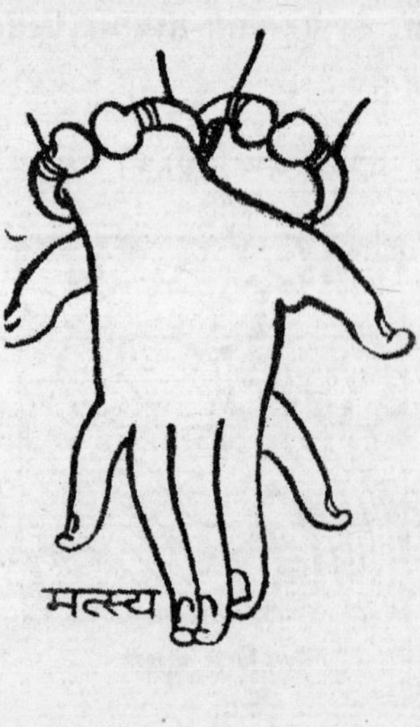

मत्स्य

वेश किया जा सकता है। तीसरी श्रेणी के चित्रों में जातक-ग्रन्थों से सम्बद्ध ऐसी अनेक कथाएँ हैं, जिनमें भगवान् तथागत के जीवन की सर्वविदित घटनाओं का कथारूप में चित्रण किया गया है। अधिकतर चित्र इसी श्रेणी के हैं।

सामान्यतः सभी गुफाओं में और विशेष रूप से १६वीं तथा १७वीं गुफा में जातक कथाओं के आधार पर निर्मित बुद्ध के विभिन्न विषयों से सम्बद्ध आकृतियाँ

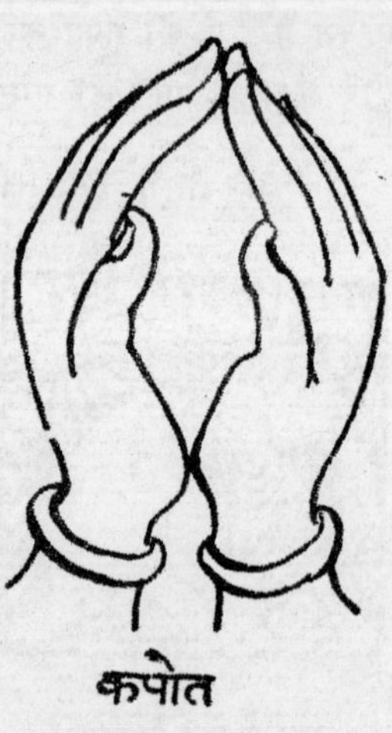

कपोत

अत्यन्त ही मनोरम हैं। उनमें करुणा, दया और जन-मंगल की दिव्य दृष्टियाँ रूपायित हुई हैं। १९वीं गुफा में चित्रित बुद्ध का कपिलवस्तु प्रत्यागमन अतीत के महान् घटना-चक्र की सजीवता प्रदर्शित करता है।

आलंकारिक चित्रों में विविधता है। चित्रों में सौन्दर्य का समावेश करने के लिए अजन्ता के कलाकारों ने पशु, पक्षी, फूल, वृक्ष, लताएँ, बादल, नदियाँ, पहाड़, जंगल आदि प्राकृतिक सम्पदा को अलंकरण-सज्जा के लिए ग्रहण किया है। पशुओं में बैल, बन्दर, लंगूर और हाथी की प्रधानता है। पक्षियों में मोर, तोता, हंस, कोकिल, हारिल आदि का उपयोग किया गया है। फलों में आम, अंजीर, अंगूर, सरीफा, नारियल और केला की प्रमुखता है। फूलों में कमल का सर्वत्र प्रयोग हुआ है।

कला की दृष्टि से दूसरी श्रेणी के रूपप्रधान चित्र उत्कृष्ट है। गुफा सं० १ में विश्व-विश्रुत बोधिसत्व पद्मपाणि के चित्र की तुलना ऐंजेलो की कला-कृतियों से की गयी है। एशिया महाद्वीप की असंख्य बुद्ध-आकृतियों में पद्मपाणि अवलोकितेश्वर का यह चित्र विशेष महत्त्व का तथा सर्वथा बेजोड़ है। बोधिसत्व अपरिमित करुणा और सौहार्द्र के प्रतीक हैं। इस प्रकार के चित्रों में आदर्श और भावप्रवणता विशेष रूप से उल्लेखनीय हैं। इसी प्रकार राजकुमारियों और 'माता-पुत्र' के चित्र अत्यन्त आकर्षक हैं।

वर्णनात्मक चित्रों को अन्तर्राष्ट्रीय ख्याति प्राप्त हो चुकी है। इस श्रेणी के चित्रों में गुफा सं० १० का हस्ति-समूह विशेष आकर्षण का विषय है। इसी के एक ओर विशाल जन-समूह का चित्र है। इसी प्रकार विभिन्न जातकों से सम्बद्ध कथाओं के आधार पर भगवान् तथागत की जन्म से लेकर निर्वाण तक की घटनाएँ विस्तार से चित्रांकित हैं।

अजन्ता के चित्रों की विशेषताएँ

अजन्ता के चित्रों की ख्याति संसार के कोने-कोने में व्याप्त हो चुकी है। विश्व की प्रायः सभी भाषाओं में अजन्ता के चित्रों पर अनेक बहुमूल्य पुस्तकों का निर्माण हो चुका है। अपनी अपूर्वता एवं असाधारणता के कारण ही उनको यह सम्मान प्राप्त हुआ। उनकी विशेषताएँ संक्षेप में इस प्रकार हैं—

भावप्रवणता—अजन्ता के चित्रों में भावप्रवणता का मुख्य स्थान है। उनमें शान्ति, करुणा, उल्लास, भक्ति, विनय और विकलता आदि प्रांजल भावनाओं की सुन्दर व्यंजना हुई है। तथागत की अहिंसा, मैत्री, करुणा, मुदिता और उपेक्षा आदि भावनाओं की सजीवता इन चित्रों का विशेष गुण है। यह भावप्रवणता ही अजन्ता के चित्रों की आत्मा है।

रेखा-सौष्ठव—अजन्ता के चित्रों में रेखाओं की सूक्ष्मता एवं प्रवहमानता के दर्शन होते हैं। उनमें कहीं भी भारीपन, उलझाव तथा संकोच नहीं है। तूलिका में इतनी गतिमयता है कि थोड़े ही प्रत्यावर्तन से चित्र की रूपरेखा उभर आती है। गेरू की वर्तिका से चित्रों में रेखांकन किया गया है और तदनन्तर रंग भरे गये हैं।

वर्ण-संयोजन—अजन्ता के चित्रों में अंकन-विधि और रंग-संयोजन बड़ी निपुणता से किया गया है। उनमें गेरुवा, रामरज, हरा, काजली, नीला, पीला, काला और सफेद रंगों का विशेष प्रयोग हुआ है। उनकी प्रयोग-विधि सर्वथा निजी है। रंग गहरे होने पर भी भारीपन से मुक्त है। जिन पत्थरों पर चित्र अंकित हैं, वे खुरदुरे हैं और उनको विशेष प्रकार के शुभ्र लेपन द्वारा तैयार किया गया है।

जीवन की विविधता—अजन्ता की कला-कृतियों में जीवन के विभिन्न पक्षों का दर्शन होता है। एक ओर गाँवों का शान्तिमय वातावरण और दूसरी ओर नगरों की कोलाहलपूर्ण अनेकान्तता दर्शित है। रंक से लेकर राजा तक, सामाजिक जीवन के विभिन्न क्षेत्र उनमें देखने को मिलते हैं। संक्षेप में कहा जाय तो कहना चाहिए कि अजन्ता के चित्रों में गुप्तयुगीन संस्कृति की सौम्यता एवं सार्वभौमिकता सर्वत्र दर्शित हैं।

हस्तमुद्राएँ—अजन्ता के चित्रों की सबसे बड़ी विशेषता है विभिन्न प्रकार की हस्तमुद्राओं एवं अभिनय-मुद्राओं का प्रदर्शन। इन हस्तमुद्राओं द्वारा विचारों एवं भावों का अभिव्यंजन बड़े ही कौशल से किया गया है। मुख की भंगिमा और नेत्रों का लास्य इन चित्रों का विशेष आकर्षण है; किन्तु हस्तमुद्राएं तो बहुत ही मार्मिक एवं प्रांजल है। उनमें गति, स्थिरता और लय, सभी का समावेश है। ये अभिनय-मुद्राएँ शास्त्रीय दृष्टि से बनायी गयी हैं।

नारी का आदर्श रूप—अजन्ता के चित्रों में नारी के आदर्श रूप की अभिव्यंजना सर्वथा श्लाघ्य एवं उल्लेखनीय है। अजन्ता की ये नारी-आकृतियाँ कला की अधिष्ठातृ देवियाँ हैं। अजन्ता के चित्रों में जो अपार सौन्दर्य की प्रशंसा की जाती है, उसका कारण यही नारी-छवियाँ हैं उनमें आध्यात्मिक और भौतिक, दोनों प्रकार की सौन्दर्य-अभिरुचियों का समन्वय है। वे भारतीयता के आदर्श एवं मर्यादा के अनुरूप हैं और भारतीय चित्रकला के गौरव तथा गरिमा की प्रतीक हैं।

भित्तिचित्रों के अन्य केन्द्र

भारतीय भित्तिचित्रों के प्रमुख केन्द्र अजन्ता का उल्लेख किया जा चुका है। अजन्ता से पूर्व और बाद में भी निरन्तर भित्तिचित्रों का निर्माण होता गया। भारत के विभिन्न अंचलों में समय-समय पर भव्य एवं दर्शनीय गुफाओं का निर्माण होता गया और सुमनोहर, आह्लादकारी अमर चित्र-कृतियों के द्वारा उनको सज्जित किया जाता रहा। तत्कालीन शासकों ने ससम्मान कलाकारों को आमंत्रित किया और उनके द्वारा उत्कृष्ट भित्तिचित्रों का निर्माण कराके इतिहास में स्वयं को अमर बनाया। इस प्रकार के कुछ भित्तिचित्रों का संक्षिप्त विवरण यहाँ प्रस्तुत किया जा रहा है।

जोगीमारा

सरगुजा रियासत की जोगीमारा गुफा के उपलब्ध भित्तिचित्रों से भारतीय चित्रकला के प्रामाणिक इतिहास का आरम्भ होता है। इस गुफा के उपलब्ध लेख का अध्ययन करने पर डॉ० ब्लाख आदि पुरातत्त्वज्ञों एवं कलाविद् इतिहासकारों ने इन भित्तिचित्रों का निर्माणकाल ३०० ई० पूर्व या इसके आस-पास निर्धारित किया है। इसी गुफा के पार्श्व में स्थित सीतावोंगा गुफा के सम्बन्ध में कहा जाता है कि वह या तो प्रेक्षागार थी या कोई मन्दिर। इस गुफा में भी कुछ चित्र मिले हैं जिनको सुरक्षित रखने के लिए उनके ऊपर कुछ रेखाएं खींची गयी हैं। इन चित्रों का मुख्य विषय बौद्धधर्म है; किन्तु कुछ चित्र जैन धर्म से भी सम्बद्ध बताये जाते हैं।

बाघ

भित्तिचित्रों का दूसरा महत्त्वपूर्ण केन्द्र बाघ की गुफाएं हैं। इन चित्रों में कला तथा कविता का अपूर्व संयोग हुआ है। बाघ की ये गुफाएं मध्य प्रदेश के धार जिले के अन्तर्गत विन्ध्य पर्वत श्रेणी के उस भाग में अवस्थित है, जहाँ आज घोर जंगल और भीलों की बस्ती है। ये गुफाएँ महायान बौद्ध

सम्प्रदाय से सम्बद्ध हैं। शिल्प और कला का यह भव्य कला-संगम आज से लगभग डेढ़ हजार वर्ष पूर्व निर्मित हुआ था। बाघ की इन गुफाओं की संख्या नौ है। उनमें सातवीं, आठवीं और नवीं गुफा ध्वस्त हो चुकी है।

इन गुफाओं में प्रकृति, मानव और पशु-पक्षियों का चित्रण बहुत ही भव्य है। पेड़-पौधे, फल-फूल, पत्र-लताएँ आदि के चित्रण प्रकृति के निसर्ग सुन्दर रूप को प्रभावशाली ढंग से प्रकट करते हैं। उनमें रंगों तथा रेखाओं की सजीवता दर्शनीय है। पक्षियों के चित्र बाघ को विशिष्ट कलाथाती है। शुक, सारिका, कुक्कुट, कलहंस, कोकिल, मयूर, सारस और चकोर सभी का सुन्दर चित्रण वहाँ देखने को मिलता है। बाघ की चित्रावली में हाथी और बैलों का भी चित्रण हुआ है। हाथी मांगल्य का और बैल धरती की समृद्धि का सूचक है।

बादामी

बम्बई के समीप आइहोल नामक स्थान के निकट बादामी की गुफाएँ वर्तमान हैं। यहाँ चार गुफाएँ मिली हैं, जो कि चालुक्य राजाओं के समय में बनीं। इन गुफा-मन्दिरों के भित्तिचित्र अपने युग के उत्कृष्ट नमूने हैं। इन चित्रों में नारी-सौन्दर्य का अंकन उच्चकोटि का हुआ है।

सितनवासल

सितनवासल की गुफाओं में भी भित्तिचित्र उपलब्ध हुए हैं। यह स्थान मद्रास में तंजोर के निकट स्थित है। सितनवासल की गुफाओं का निर्माण पल्लव नरेश महेन्द्रवर्मा प्रथम तथा उसके पुत्र नरसिंहवर्मा (दोनों का स्थितिकाल ६००-६५० ई०) के समय हुआ। यद्यपि ये गुफाएँ जीर्ण एवं ध्वस्तावस्था में हैं, फिर भी जिन चित्रों के अवशेष सुरक्षित रह पाये हैं, उनको देखकर सहज ही

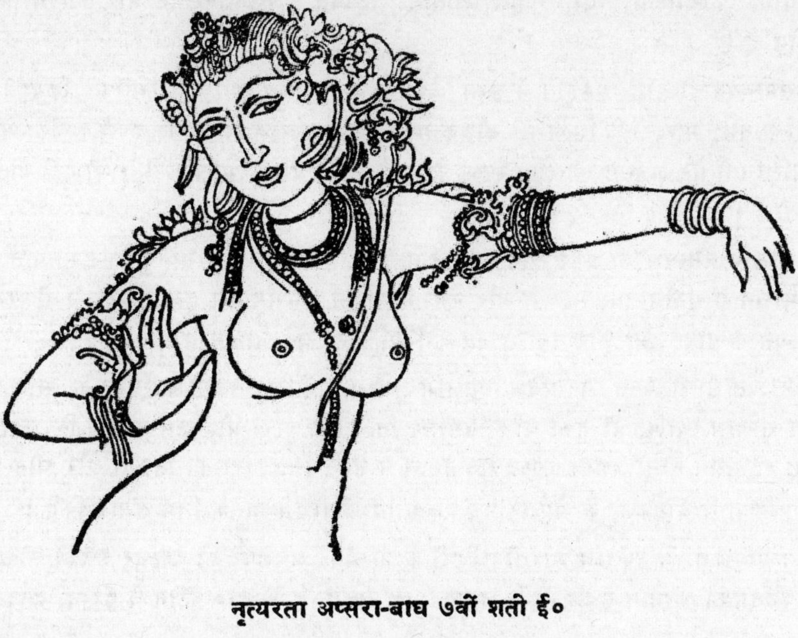

नृत्यरता अप्सरा-बाघ ७वीं शती ई०

यह अनुमान लगाया जा सकता है कि वे उच्चकोटि के थे। उनकी शैली अजन्ता के समान है। उनमें भावाभिव्यंजन की मुद्राएँ आकर्षक हैं। उनमें कुछ चित्र जैन धर्म से भी संबद्ध हैं।

एलोरा

यह कलाकेन्द्र अजन्ता से लगभग ५० मील की दूरी पर हैदराबाद में अवस्थित है। एलोरा का चित्र-वैभव अपने ढंग का सर्वथा अपूर्व है। एक पूरे-के-पूरे पहाड़ को काटकर उसमें इन अद्वितीय कला-मन्दिरों को निर्मित किया गया है। इन मन्दिरों के भित्तिचित्रों में कैलाशनाथ, लंकेश्वर, इन्द्रसभा और गणेश नामक गुफाएँ विशेष रूप से उल्लेखनीय हैं। उनमें जो चित्र मिले हैं वे भी खण्डित हैं। ये चित्र आठवीं से दसवीं शती ई० के बीच के हैं।

ऐसा प्रतीत होता है कि एलोरा की चित्र-रचना के बाद अजन्ता की शैली का ह्रास होने लगा था। वस्तुतः आठवीं शती के बाद भित्तिचित्रों का स्थान छोटे-छोटे चित्रों ने ले लिया था, जिनके दो प्रधान केन्द्र थे—एक बंगाल में और दूसरा गुजरात में। एलोरा में गुजरात केन्द्र की शैली का प्रभाव है। उनमें न तो आकृति की सुघराई है, न अंग-प्रत्यंगों का गठन और न अलंकरणों का आकर्षण। विषय की दृष्टि से मनुष्य, पेड़-पौधे और पशु-पक्षियों के विभिन्न भित्तिचित्र एलोरा की उक्त गुफाओं में देखने को मिलते हैं।

बौद्ध शैली का प्रचार-प्रसार

अपने देश की धरती में बौद्ध कला-शैली ने लोकमानस पर कई सौ वर्षों तक निरन्तर एकाधिकार स्थापित किया। उसको वास्तविक लोक-सम्मान प्राप्त हुआ। आज भी उसकी अवशिष्ट थाती को उसी रूप में ग्रहण और स्मरण किया जाता है।

बौद्ध ज्ञान और बौद्ध आदर्शों को एशिया के दूर देशों तक ले जाने का कार्य भी बौद्ध चित्रकला ने किया है। जिन देशों में बौद्धकला का अतिशय प्रसार रहा उनमें लंका, चीन, जापान, जावा, स्याम, कम्बोडिया, बर्मा, नेपाल, खोतान, तिब्बत, अफगानिस्तान और कोरिया के नाम उल्लेखनीय हैं।

समन्वयवादी बौद्ध संस्कृति ने उक्त देशों में अपने उच्चादर्शों को स्थापित किया। पगान और बर्मा के बौद्ध मन्दिरों के शिल्प में बौद्धकला का प्रभाव आज भी सुरक्षित है। लंका से प्राप्त अनेक भित्तिचित्रों पर अजन्ता की छाप स्पष्ट है। मीरान से प्राप्त भित्तिचित्रों में भी यही बात देखने को मिलती है।

चीन में बौद्धधर्म का प्रवेश होने के बाद वहाँ के कला-सृजन में नये युग का सूत्रपात हुआ। उसके आलेखन में सुरुचि तथा सूक्ष्मता और रंगों में नयेपन का समावेश हुआ। चीन में बौद्धकला का प्रवेश तिब्बत के द्वारा हुआ और वहाँ से वह कोरिया होती हुई जापान में प्रविष्ट हुई।

तिब्बत से बौद्धकला का प्रवेश नेपाल में हुआ। क्योंकि तिब्बत का चीन के साथ घनिष्ठ सांस्कृतिक सम्बन्ध स्थापित हो चुका था। इसलिए तिब्बत के द्वारा बौद्धकला की जो विरासत नेपाल में प्रविष्ट हुई उसमें चीनी प्रभाव स्पष्ट है। नेपाल ने अपने चित्रकारों को तिब्बत और चीन भेजा। उन्होंने वहाँ व्याप्त बौद्धकला के आधार पर तिब्बतीय शैली के अनेक चित्र तैयार किये।

मध्य एशिया में उपलब्ध भारतीय चित्रों के प्राचीन अवशेषों को देखकर उनकी लोकप्रियता और व्यापकता का अनुमान सहज ही में लगाया जा सकता है। डा० स्टीन ने ईरान, दनदन और

अहिलक आदि स्थानों से जो चित्र प्राप्त किये उनसे भारतीय चित्रकला के व्यापक प्रभाव का और भी प्रामाणिकता से स्पष्टीकरण हो गया। उन्होंने अफगानिस्तान में भी बामियां की गुफाओं से चौथी शती से छठी तक के चित्र प्राप्त किये थे। इन कला-कृतियों में भारतीय, ईरानी और चीनी प्रभावों का अद्भुत सम्मिश्रण देखने को मिलता है। बामियाँ के उत्तर में अवस्थित फोइरिस्तान में जिन बौद्ध मठों का स्टीन ने पता लगाया, उनमें भी गुप्त तथा पाल राजाओं के आदर्शों पर निर्मित किये गये चित्र मिले।

बौद्धशैली में भारत के धर्मप्राण जन-जीवन की वास्तविक निष्ठाओं, परम्पराओं और उच्चादर्शों का अभिव्यंजन हुआ है। यही कारण है कि बौद्ध शैली की कला-कृतियों का जो लोक-सम्मान भारत में है वही विश्व के, विशेष रूप से एशिया के समस्त देशों में प्राप्त है। सैकड़ों वर्ष पहले से लेकर अब तक उनकी नवीनता और प्रेरणा में कोई कमी न आने पायी। उनकी यही शाश्वत, सनातन और अक्षुण्ण कला-भावना ही उनकी सर्वोच्च विशेषता है। अपने इस महान् आदर्शों के कारण उनको विश्व में सर्वत्र एक जैसा आदर-सम्मान प्राप्त हुआ।

इस प्रकार बौद्धकला ने एशिया के वृहद् भूभाग को कला-चेतना को कई शतियों तक प्रभावित किया। अपने देश के धार्मिक तथा सांस्कृतिक उत्थान के नवोन्मेष को सुदूर देशों में प्रचारित करने का कार्य भी बौद्धकला के माध्यम से ही संपन्न हुआ।

४

जैन शैली

१००० से १४०० ई० तक

जैन शैली का विकास

भारतीय चित्रकला की ऐतिहासिक परम्परा का अध्ययन करने पर ज्ञात होता है कि ईसा की १०वीं शती से पहले भित्तिचित्रों या गुफाचित्रों का निर्माण होता रहा। ये भित्तिचित्र अधिकतर बौद्ध शैली के और कुछ जैन शैली के हैं। भित्तिचित्रों के निर्माण से पहले बौद्धकला और जैनकला का समृद्ध रूप मूर्तियों तथा मन्दिरों के शिल्प में सुरक्षित था। भित्तिचित्रों के निर्माण के बाद बौद्ध और जैन शैलियों का बड़ी तेजी से विकास हुआ।

जैन शैली अपने युग की विख्यात शैली रही है। भारत के विभिन्न अंचलों और द्वीपान्तरों में भी बहुत बड़े पैमाने पर उसका निर्माण हुआ। मारवाड़, अहमदाबाद, मालवा, जौनपुर, अवध, पंजाब, बंगाल और उड़ीसा आदि भारत के विभिन्न भागों में तथा नेपाल, बर्मा और स्याम आदि द्वीपान्तरों में भी जैन शैली के अस्तित्व का विस्तार हुआ।

भारतीय चित्रकला के इतिहास में कागज पर की गयी चित्रकारी की दिशा में जैन शैली का नाम पहले है। जैन शैली की प्राचीनता लगभग ७वीं शती ई० से सिद्ध होती है, जिसके प्रमाण पल्लव राजा महेन्द्रवर्मन् (७वीं शती) के समय बने सित्तनवासल के गुफाचित्र हैं। समग्र भारत में १५वीं शती ई० से पहले के जितने भी चित्र प्राप्त हैं उनमें जैन शैली के चित्रों की मुख्यता एवं अधिकता है। ये चित्र दिगम्बर जैनियों से सम्बन्धित हैं, जिन्हें अपने संप्रदाय के ग्रन्थों को चित्रित करने-कराने का बड़ा शौक था। जैन शैली के इन चित्रों को कुछ विद्वानों ने आरंभिक पश्चिमीय शैली कहा, कुछ ने गुजरात शैली और कुछ ने अपभ्रंश शैली के नाम से सम्बोधित किया।

जैन चित्रशैली के द्वारा भारतीय चित्रकला की परम्परा कितने ही वर्षों तक अटूट रूप में आगे बढ़ती रही, और मुगल शैली के प्रकाश में आ जाने के कारण यद्यपि जैन शैली के विकास में कुछ अड़चनें आयीं; किन्तु आबू और गिरनार के केन्द्रों में उसने तब भी अपने अस्तित्व को बनाये रखा। उसके द्वारा भारतीय चित्रकला के भावी विकास के लिए महत्त्वपूर्ण कार्य हुआ। राजपूत और मुगल शैली के चित्रकारों ने जैन शैली के चित्रों से प्रेरणा और नये भाव-विधान ग्रहण कर अपने क्षेत्र को अधिक व्यापक बनाया।

जैन शैली में तीन तरह के चित्र मुख्य रूप से बने। ताड़पत्र, कागज और वस्त्र उसके तीन आधार रहे हैं। वस्त्रों या कपड़ों पर लेखन एवं चित्रण का कार्य तिब्बत तथा नेपाल में कई सदियों तक होता रहा। बंगाल के पटचित्र तो प्रसिद्ध ही हैं। किन्तु जैन शैली में जो पटचित्र बने उनकी अपनी अलग विधाएँ हैं। तिब्बत और नेपाल की भाँति जैन कलाकारों ने भी अनेक तांत्रिक देवी-देवताओं के वस्त्रचित्र बनाये।

कपड़े पर निर्मित होनेवाले फुटकर चित्रों की परम्परा बहुत प्राचीन है। कपड़े पर चित्र बनाने का कार्य, कागज का प्रचलन होने के बाद भी, बहुत समय तक होता रहा।

जैन शैली में एक तरह के चित्र ताड़पत्र पर बनाये गये। जैन शैली में इस प्रकार के

ताड़पत्रीय ग्रन्थ-चित्रों का बड़ा महत्त्व है। उनके द्वारा भारतीय चित्रकला के प्राचीन रूप की सुरक्षा हुई और जैन शैली का महत्त्व प्रकाश में आया।

जैन शैली में तीसरे प्रकार के चित्र कागज पर बनाये गये। ताड़पत्र की जगह चित्ररचना के लिए कागज का उपयोग सबसे पहले काश्मीर में हुआ। जैन कलाकारों ने भी कागज को ताड़पत्रीय आकार में काटकर उन पर लेखन तथा चित्रण का सुन्दर कार्य किया। जैन शैली में १४वीं, १५वीं, शती ई० में स्वर्णमय तथा रजतमय स्याही से मूल्यवान् सचित्र पोथियों का निर्माण बहुत बड़े पैमाने पर होता रहा। इस प्रकार की मूल्यवान् पोथियाँ आज भी कलकत्ता, अहमदाबाद, खंभात, बड़ौदा, सूरत, पूना, बम्बई, बीकानेर, जैसलमेर और पाटण आदि स्थानों में सुरक्षित हैं। अहमदाबाद में सुरक्षित 'कल्पसूत्र' की सचित्र पोथी का मूल्य सवा लाख रुपया आँका गया है।

ताड़पत्र और कागज पर बने चित्रों का अन्तर स्पष्ट दिखायी देता है। ताड़पत्र पर जो चित्र बने हैं, स्थानाभाव के कारण भी उनमें रेखाओं की बारीकी और कलाकार की प्रतिभा का कौशल देखने को मिलता है। किन्तु कागज पर बने चित्रों में पर्याप्त स्थान होने के कारण सूक्ष्मता और प्रतिभा का कौशल कुछ मंद पड़ गया।

जैन शैली की चित्रण-विधियाँ

जैन शैली के चित्रकारों ने भारतीय चित्रकला में कुछ नयी विधाओं का समावेश किया। अपनी इन विशेषताओं के कारण जैन चित्र अपना अलग महत्त्व और इतिहास रखते हैं। उनकी इन विशेषताओं का परिचय इस प्रकार है।

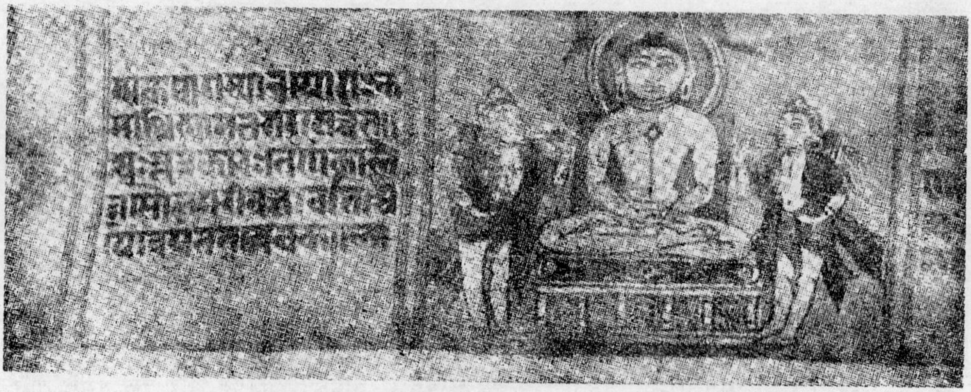

ताड़पत्र की हस्तलिखित प्रति 'निशीथचूर्णिका' पर चित्रित जिन भगवान्, जैन शैली ११८२ वि०

१—जैन शैली के चित्रों की सबसे पहली विशेषता उनके चक्षु-चित्रण में है। जैन चित्रों में यह चक्षु-चित्रण जैन शिल्प और जैन स्थापत्य से आया है। प्राचीन जैन प्रतिमाओं में यह रूप देखा जा सकता है। इस चक्षु-चित्रण के कारण जैन चित्र अलग से पहचाने जा सकते हैं। उनमें नेत्र उठे हुए और बाहर की ओर उभरे हुए हैं। उनकी लम्बाई कानों को छूती है। भवों और नेत्रों का फैलाव समान है।

२—रंगों की दृष्टि से भी जैन चित्रों की अपनी विशेषता है। उनकी पृष्ठभूमि में बहुधा लाल रंग का प्रयोग किया गया है। इसी प्रकार आवश्यकतानुसार बदली, पीत, श्वेत तथा नीले रंगों का भी प्रयोग किया गया है। राजपूत शैली के चित्रकारों ने भी यद्यपि लाल रंग का उपयोग किया है, किन्तु उनका दृष्टिकोण शृङ्गार को उभारना मात्र रहा है।

ताड़पत्रों पर अंकित जैन चित्रों में प्राय: पीले रंग का प्रयोग किया गया है। स्वर्णराग को भी उपयोग में लाया गया है। कुछ चित्रों की पृष्ठभूमि पीले तथा लाल रंगों के मिश्रण से निर्मित है। वस्त्र-चित्रों पर रंगों का प्रयोग करते समय छोटे-छोटे धब्बे अंकित किये गये हैं।

३—रेखाओं की दृष्टि से जैन चित्र बड़े सम्पन्न हैं। रेखाओं का मुख्य उद्देश्य होता है भावों को अभिव्यक्त करना। इस दृष्टि से ताड़पत्र के चित्रों में जैन कलाकारों ने जो सूक्ष्म रेखाएँ अंकित की हैं वे इतनी सुन्दर और सधी हुई हैं कि कलाकार की प्रतिभा और उसके कौशल को दाद दिये बगैर नहीं रहा जा सकता। किन्तु ताड़पत्रों की जगह कागज का प्रचलन हो जाने के कारण रेखाओं का जो सौष्ठव था वह जाता रहा।

४—सोने और चाँदी की स्याही से बहुमूल्य चित्रों का निर्माण भी जैन शैली की विशेषता है। जैन शैली के कागज के चित्रों में प्राकृतिक-दृश्यों को हाशिये से इतना सुन्दर पहले कभी नहीं सज्जित किया गया था। इन चित्रों में बेल-बूटों का अंकन तो अद्वितीय है। राजपूत और मुगल चित्रों में बेल-बूटों की बनावट का तरीका जैन चित्रों से लिया गया। जैन ग्रंथ-चित्रों के बीच-बीच में छत्र, कमल और स्वस्तिक आदि के अंकन भी उनकी शोभा-सज्जा में चार चाँद लगा देते हैं।

५—धर्मप्रधान जैन चित्रों में यद्यपि नारी रूपों का अंकन एक निश्चित सीमा तक हुआ है, और उनके द्वारा यद्यपि जैन कला की समृद्धि का प्रतिनिधित्व प्रमाणित नहीं होता; फिर भी इस प्रकार के कुछ उत्कृष्ट चित्र जैन शैली में देखने को मिलते हैं। बहुधा जैन तीर्थंकर महात्माओं के दोनों पार्श्वों में यक्ष-यक्षिणियों के युगल चित्र बड़े ही सौम्य हैं। नारी-चित्रण की दृष्टि से तीर्थंकरों की अधिष्ठातृ देवियाँ, अम्बिका, पद्मावती, सरस्वती और चक्रेश्वरी आदि सोलह देवियाँ प्रमुख हैं। इन देवी-चित्रों में उज्ज्वल धूम वर्ण, लोकशैली की अल्हड़ता, वस्त्रसज्जा और हस्तमुद्राएँ—सभी में कलात्मकता तथा माधुर्य है।

६—वस्त्राभूषणों की दृष्टि से जैन चित्रों में धोतियों की सज्जा और वस्त्रों पर स्वर्णकलम से उभारे गये बेल-बूटे, दुपट्टे और मुकुट दर्शनीय हैं। स्त्रियों के शरीर पर चोली, चूनर, रंगीन धोती और कटिपट दर्शाये गये हैं। आभूषणों में मुकुटों और मालाओं की अधिकता है। स्त्रियों के भाल पर टिकुली, कानों में कुण्डल और बाँहों में बाजूबन्द हैं। सभी चित्र रत्नमालाओं से अलंकृत हैं।

७—चित्रों का आकार एक चश्म, डेढ़ चश्म और दो चश्म है। उनमें ठोढ़ी सेब की तरह बाहर की ओर उभरी हुई है और उसकी नीचे की रेखा में गौरव, गर्व तथा अभिमान प्रकट करने के उद्देश्य से झोल दे दिया गया है। जैन मुनियों की ठोढ़ियाँ त्रिशूल की भाँति तीन रेखाओं से दर्शायी गयी हैं। नासिका शुक चंचु की तरह नुकीली और अनुपात से अधिक लम्बी है।

८—जैन चित्रों में तत्कालीन लोककला सच्चे अर्थों में अभिव्यक्त हुई है। जैन कला में लोककला का सम्मान इसलिए हुआ कि एक तो वह धार्मिक सीमाओं में बँधी रही और दूसरे में राज्याश्रयों के विलासमय वातावरण से मुक्त रही। उसकी आकृतियों, रेखाओं और साज-सज्जा में सर्वत्र लोककला का मोहक रूप विद्यमान है। जैन चित्रों में इस लोककला का आधार तीर्थंकर

महात्माओं की जीवनियाँ रही हैं। ये कथाएं बड़ी मनोरंजक और तत्कालीन लोक-जीवन तथा लोक-संस्कृति और लोक-विचारों की अभिव्यंजना करती हैं।

अहिंसा-प्रधान जैन धर्म में जीवदया और लोकोपकार की जो महती भावना सर्वत्र व्याप्त है, जैन कलाकारों ने उससे प्रेरणा प्राप्त कर ऐसी कला-कृतियों का निर्माण किया, जिनमें अपार शांति और अपार्थिव विश्रान्ति का भाव ध्वनित होता है। इस प्रकार की कृतियाँ जैन शैली की स्थायी एवं महत्वपूर्ण निधि हैं और विश्व कला के क्षेत्र में उनका एक अपना स्थान माना जाता है। इन कृतियों को इतनी मान्यता प्राप्त होने का एक कारण यह भी है कि उनमें महान् मानवीय आदर्शों को प्रस्तुत करने का सराहनीय उद्योग हुआ है।

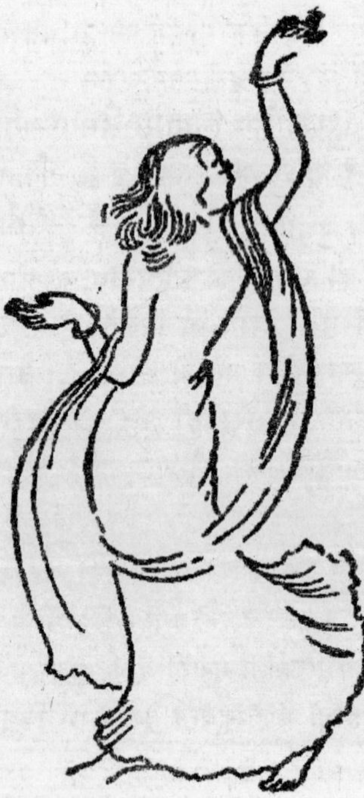

५

पौर्वात्य और दाक्षिणात्य शैलियाँ

१००० से १७०० ई० तक

●

पृष्ठभूमि

भारतीय चित्रकला की उपलब्धि का प्रामाणिक इतिहास गुफाचित्रों के निर्माण से आरंभ होता है। १०वीं शती ई० से पूर्व की सम्पूर्ण चित्र-थाती गुफाचित्रों के रूप में सुरक्षित है। इन भित्तिचित्रों में, विशेष रूप से अजन्ता के भित्तिचित्रों में अनेक प्रकार की शैलियों के विकसित-अविकसित रूप देखने को मिलते हैं। उनमें जो सूक्ष्म रूप देखने को मिलते हैं, उनमें से अनेक रूप बाद में स्वतंत्र शैलियों में विकसित एवं पल्लवित हुए। इस प्रकार प्राचीन गुफाचित्रों की प्रेरणा एवं प्रभाव से १०वीं से १५वीं शती के बीच उत्तर, पूर्व, पश्चिम और दक्षिण भारत के सभी अंचलों में अनेक नयी शैलियों में प्रकाश आयीं। उनके नाम हैं : पाल शैली, गुर्जर शैली, अपभ्रंश शैली, जैन शैली और दक्षिण शैली। जैन शैली का विवेचन पहले किया जा चुका है।

उक्त शैलियों के प्रकाश में न आने से पूर्व कतिपय कला-समीक्षकों का अभिमत था कि १०वीं से १५वीं शती ई० के बीच पाँच-छः सौ शतक भारतीय चित्रकला की परम्परा का अनुन्नत एवं अन्धकारमय समय रहा है, किन्तु अब यह धारणा भ्रांत सिद्ध हो गयी है। इन शैलियों की स्वतंत्र स्थापना से यह सुविदित हो गया है कि भारतीय चित्रकला की जो परम्परा भित्तिचित्रों के रूप में प्रतिष्ठित हुई थीं, वह निरन्तर आगे बढ़ती रही और पाल, गुर्जर, पल्लव तथा चोल राजवंशों के प्रश्रय में उसमें नयी भाव-विधाओं की प्रतिष्ठा होकर उन्हीं के दाय एवं प्रभाव से राजपूत, मुगल तथा पहाड़ी शैलियों की भव्य एवं उन्नत थाती प्रकाश में आयी।

पाल शैली

तिब्बतीय इतिहासकार लामा तारानाथ ने लिखा है कि ७वीं शती ई० में पश्चिम भारत में जिस चित्रशैली का जन्म हुआ उससे भिन्न ९वीं शती ई० में पूर्वी भारत में एक नवीन चित्रशैली का उदय हुआ। इस पूर्वीय चित्रशैली का केन्द्र बंगाल था। धर्मपाल तथा देवपाल नामक पाल-राजाओं के संरक्षण में अजन्ता के अनुकरण पर धीमान तथा उसका पुत्र वितपाल इस चित्रशैली के निर्माता थे, जिसका प्रसार तिब्बत तथा नेपाल तक हुआ। इस शैली के चित्रों का सम्बन्ध पाल-राजाओं स था, अतः उसे 'पाल शैली' के नाम से कहा गया।

पाल शैलो में पुस्तकों के दृष्टान्त चित्र ही अधिकतर निर्मित हुए। इस प्रकार के चित्रों का निर्माण १०वीं से १३वीं शती के बीच बंगाल, नालन्दा, विक्रमशिला, बिहार और नेपाल में हुआ। इस युग की सभी पोथियाँ तालपत्र पर हैं, जिनमें सुन्दर लिपि, तराशे हुए अक्षर और चमकीली स्याही का प्रयोग हुआ है। इनका सम्बन्ध बौद्धधर्म के जातक-ग्रन्थों से है। पुस्तकों के काष्ठपटों और दफ्तियों पर भी इस प्रकार के चित्रों का निर्माण हुआ।

गौड़ शला (बंगाल के पटचित्र)

पटचित्रों के निर्माण की परम्परा यद्यपि बहुत प्राचीन है; किन्तु बंगाल में 'गौड़ शैली' के जो जो पटचित्र बने उनका समय १८वीं, १९वीं शती ई० है। 'रामायण', 'महाभारत' और 'भागवत'

आदि ग्रन्थ उनके विषय रहे हैं। इन पटचित्रों को मनोरंजन, विनोद और विशेष रूप से आजीविका के लिए बनाया गया। इनके निर्माता कलाकार अशिक्षित एवं व्यवसायी थे। इसलिए न तो वे प्राचीन परम्परा को ग्रहण कर सके और न वे अजन्ता, बाघ आदि के भव्य वर्ण-विधान एवं विषय-वस्तु को ही अपना सके। न उनमें कल्पना थी और अभिव्यंजना-शक्ति ही। बाद में मेलों में बेचने के उद्देश्य से भी इनको बनाया जाता था। इन पटचित्रों के द्वारा बंगाल की लोककला का अच्छा प्रचलन हुआ। स्थानीय लोक-शैली के प्रचार-प्रसार की दृष्टि से उनका अवश्य कुछ महत्त्व है। इस दृष्टि से उन्होंने लोकप्रियता भी अर्जित की। किन्तु बाद में इस प्रकार के पटचित्रों का प्रचलन बन्द हो गया।

गुर्जर शैली

गुर्जर शैली के नामकरण, उनके विधि-विधान और उसके अन्तर्गत परिगणित किये जानेवाले चित्रों के सम्बन्ध में कला-समीक्षकों तथा इतिहासकारों की राय एक जैसी नहीं है। कुछ विद्वानों ने उन्हें अपभ्रंश शैली, कुछ ने जैन शैली के अन्तर्गत माना है और कुछ का अभिमत है कि उसका उपयुक्त नामकरण 'पश्चिम भारतीय शैली' होना चाहिए। किन्तु इधर विभिन्न व्यक्तिगत संग्रहों और सार्वजनिक कला-संग्रहों में जो कला-कृतियाँ उपलब्ध हुई हैं, उनके आधार पर उसको स्वतंत्र रूप से 'गुर्जर चित्रशैली' नामकरण देना ही उपयुक्त समझा गया है।

गुर्जर शैली का आरम्भ लघुचित्रों से माना जाता है; किन्तु उनमें पुस्तकों के दृष्टांत-चित्र ही अधिक बने। 'कल्पसूत्र', 'वसन्तविलास', 'चौरपंचाशिका', 'बालगोपालस्तुति', 'गीतगोविन्द' और 'दुर्गासप्तशती' आदि धार्मिक ग्रन्थों के आधार पर इस शैली के चित्र बने। उनमें 'वसन्तविलास' का चित्रपट विशेष उल्लेखनीय हैं जिसमें ७९ चित्र हैं, और जिनके विषय यौवन, शोभा, शृङ्गार आदि हैं। एलोरा के गुफाचित्रों को 'गुर्जर शैली' के आरंभिक चित्र बताये गये हैं। ताड़पत्र और कागज, दोनों पर इस शैली के चित्र निर्मित हुए।

सोलंकी वंश के राजा सिद्धराज जयसिंह (१०९४-११४३ ई०) और उसके उत्तराधिकारी कुमारपाल (११४३-११७४ ई०) के समय गुर्जर शैली के चित्रों का आरंभ हुआ। पुनः १६वीं शती ई० में उसका विकास हुआ। उसके आरंभिक चित्र लघुचित्रों के रूप में अजन्ता, बाघ आदि के गुफाचित्रों की शैली पर निर्मित हुए। भित्तिचित्रों और राजपूत-मुगल शैलियों के बीच का इतिहास उन्हीं के द्वारा सुरक्षित बना रहा। राजपूत और मुगल शैलियों को प्रभावित करने में गुर्जर शैली के सुवर्णाक्षरी चित्रों का महत्त्वपूर्ण स्थान माना जाता है। कानों तक विस्फारित आँखें और नुकीली नासिकाएँ इस शैली के चित्रों की विशेषता हैं।

अपभ्रंश शैली

गुजरात में चित्रों का सबसे बड़ा संग्रह प्राप्त हुआ वह जैन धर्म से सम्बद्ध था। गुजरात के अतिरिक्त मालवा तथा राजस्थान, बंगाल, उड़ीसा और उत्तर प्रदेश आदि में भी इस शैली के चित्र प्राप्त हुए। दक्षिण भारत में इस प्रकार के चित्र अधिक संख्या में उपलब्ध हुए। ऐसी स्थिति में इन चित्रों के नामकरण की समस्या विद्वानों के समक्ष उपस्थित हुई। इस सम्बन्ध में अन्त में यही निश्चित किया गया कि ये चित्र प्राचीन शैली के ही विकृति मात्र हैं; उनमें कोई नवीनता नहीं है। अतः उन्हें 'अपभ्रंश' नाम देना ही अधिक उपयुक्त समझा गया।

इतिहासकार लामा तारानाथ ने 'अपभ्रंश शैली' का उद्गम मारवाड़ बताया; किन्तु नानालाल चमनलाल मेहता ने गुजरात सिद्ध किया; डॉ० मोतीचन्द्र ने उसका मूल दक्षिण बताया। उन्होंने जिनकांची मन्दिर के संगीत-मण्डप और अनेगुडी के उच्चयप्प मठ में निर्मित विजयनगर शैली से अपभ्रंश शैली के चित्रों की समानता बतायी। दक्षिण की विजयनगर शैली के अतिरिक्त बीजापुर शैली में भी अपभ्रंश शैली का प्रभाव है।

लन्दन के चेस्टरबेटी संग्रह में सुरक्षित 'नुजूम-अल-उलूम' की सचित्र प्रति से तुलना करते हुए डॉ० मोतीचन्द्र ने अपभ्रंश शैली के चित्रों की १२ विशेषताएँ बतायी हैं : १. खाली जगह से निकली हुई आँख, २. परवल के आकार की आँखें, स्त्रियों की आँखों में कान तक गयी काजल की रेखा, ३. नुकीली नाक, ४. दोहरी ठुड्डी, ५. मुड़े हुए हाथ तथा ऐंठी उँगलियाँ, ६. अप्राकृतिक रूप से उभरी छाती, ७. खिलौने की तरह पशु-पक्षियों का अलंकरण, ८. कमजोर लिखावट, ९. प्राकृत दृश्यों की कमी, १०. इकट्ठा धरातल पर अनेक दृश्यों का अंकन, ११. १५वीं शती के अन्तिम चरण से १६वीं शती तक हाथियों का अलंकरण और १२. चटकदार रंगों तथा सोने का अत्यधिक प्रयोग।

दक्षिण शैली (द्राविड़ शैली)

भारतीय चित्रकला के इतिहास में इस सुविदित तथ्य को अस्वीकार नहीं किया जा सकता है कि गुफाचित्रों के बाद और राजपूत-मुगल शैलियों से पूर्व के लगभग पाँच-छः सौ वर्ष सर्वथा अज्ञातावस्था में ही रह जाते, यदि उनके अस्तित्व को सुरक्षित रखनेवाली दक्षिण चित्रशैली का उदय न हुआ होता।

ऐतिहासिक दृष्टि से दक्षिण की चित्रकला को दो भागों में विभक्त किया जा सकता है। विजयनगर के पल्लव और चोल राजाओं तथा बहमनी सुल्तानों के समय (१३वीं से १५वीं शती ई० तक) को दक्षिण की चित्रकला का प्रथम उद्भव-युग कहा जा सकता है। उसका दूसरा युग बहमनी साम्राज्य के पतन के बाद बीजापुर, गोलकुण्डा और अहमदनगर की सल्तनतों की स्थापना से आरंभ होता है, जिसका समय १५वीं शती के अन्तिम चतुर्थांश से १८वीं शती तक के मध्य रखा जा सकता है। दक्षिण की चित्रकला का वास्तविक उत्थान इसी दूसरे युग में हुआ।

पल्लव और चोल राजाओं के समय की कला यद्यपि उत्तर भारत की पद्धतियों से प्रभावित एवं प्रेरित है, तथापि अपने भौगोलिक प्रभाव के कारण उसमें दाक्षिणात्य प्रकृति का निजस्व विद्यमान है। सितनवासल की गुफाओं के पल्लव-कालीन चित्रों और चोल शासक राजराजा प्रथम के समकालीन बृहदीश्वर मन्दिर, तंजोर के बरामदों तथा दीवारों पर चित्रित कला-कृतियों की शैली यद्यपि अजन्ता के आदर्शों पर निर्मित हल्के एवं लयप्रधान चित्रों के अनुरूप है; फिर भी उसकी सजावट एवं वस्त्रालंकरण की विधियाँ तथा अभिव्यक्ति के प्रकार सर्वथा निजी हैं। १३वीं, १४वीं शती में तिरुपतिकुरम् (जिनकांची) के भगवान् वर्धमान के मन्दिर के संगीत-मण्डप पर अंकित चित्र और अनेगुडी के उच्चयप्प मठ में चित्रित भित्तिचित्र दक्षिण शैली के उत्कृष्ट उदाहरण हैं। इस संगीत मण्डप को बुक्कराय द्वितीय के मंत्री एवं सेनापति इरुगप्पा ने १३८७-८८ ई० में बनवाया था। उच्चयप्प मठ को संभवतः देवराज ने बनवाया था। इस मन्दिर तथा मठ के चित्रों को विजयनगर शैली के अन्तर्गत रखा गया है। इन चित्रों के सम्बन्ध में डॉ० मोतीचन्द्र ने लिखा है

कि "१. रंग से पोल दिखाने की क्रिया का अवशेष, २. रेखाओं में नुकीलापन और तरलता, ३. आकृतियों में एक विशेष लोच और गति, ४. मुकुट, वस्त्र और गहने विजयनगर के आरंभिक युग के हैं तथा अजन्ता-एलोरा के वस्त्राभूषणों से भिन्न हैं।"

विजयनगर के राजाओं के समकालीन दक्षिण में बहमनी सुल्तानों का भी आधिपत्य था, जिनकी सल्तनत की सीमाओं को १४वीं से १६वीं शती के बीच रखा जा सकता है। अहमदशाह बली बहमनी द्वारा १४३२ ई० में निर्मित प्रसिद्ध बीदर दुर्ग के रंगमहल के तीन कमरों में किसी समय सुन्दर पुष्पलताओं के चित्र थे; किन्तु अब वे नष्ट हो चुके हैं। इन्हीं शाह बली का मकबरा ईरानी शैली की सुन्दर नक्काशी से चित्रित है, जिसका चटकीला वर्ण-विधान आज भी सुरक्षित है।

बहमनी साम्राज्य के पतन के बाद दक्षिण में एक साथ पाँच सल्तनतें कायम हुईं, जिनके नाम थे : बीजापुर के आदिलशाह, अहमदनगर के निजामशाह, गोलकुण्डा के कुतुबशाह, बिरार के इमादशाह और बीदर के बरीदशाह। इन पांच सल्तनतों में बीजापुर, गोलकुण्डा और अहमदनगर की सल्तनतों ने ही दक्षिण में चित्रकला की परम्परा को आगे बढ़ाया। इनका समय १६वीं से १८वीं शती है। दक्षिण चित्रशैली की उन्नति का यही समय है।

बीजापुर के सुल्तान यूसुफ आदिलशाह के पुत्र अली आदिलशाह के समय (१५५८-१५८० ई०) 'नुजूम-अल-उलूम' नामक पुस्तक के दृष्टान्त-चित्र बने। इन चित्रों में एक ओर तो बीजापुर शैली के दर्शन होते हैं और दूसरी ओर फारसी-भारतीय शैलियों का समन्वय देखने को मिलता है। इन दृष्टान्त-चित्रों की संख्या ८७६ है। इनका विषय ज्योतिष, तंत्र-मंत्र, शालिहोत्र, हस्तिशास्त्र और शस्त्रविद्या है। उनमें मनुष्यों तथा पशु-पक्षियों आदि की भव्य छवियाँ अंकित हैं। इन्हीं के भतीजे इब्राहीम आदिलशाह (१५८०-१६२७ ई०) के समय बीजापुर कलम की बड़ी उन्नति हुई। उसके समय की शबीहें, भित्तिचित्र और स्थानीय लोकशैली की कला-कृतियाँ बहुत ही उत्कृष्ट हैं।

बीजापुर की ही भाँति गोलकुण्डा में भी अच्छी चित्रकारी हुई। दक्षिण शैली के चित्रों में पुस्तकों के दृष्टान्त-चित्र और स्फुट चित्र, दोनों रूप विद्यमान हैं। उसमें रागमाला के चित्रों का भी अपना विशिष्ट स्थान है। देश-विदेश के अनेक व्यक्तिगत संग्रहों और सार्वजनिक कला संग्रहालयों में दक्षिण शैली के सहस्रों चित्र आज भी अपनी अतीत परम्परा के सुनहरे इतिहास का द्योतन करते हैं।

६

राजपूत शैली

१४०० से १६०० ई० तक

राजपूत शैली की प्राचीनता

मध्ययुगीन भारतीय इतिहास में १५वीं शती ई० का समय अनेक दृष्टियों से बड़ा महत्त्वपूर्ण रहा है। राजनीतिक उथल-पुथल के बावजूद साहित्य और कला के विभिन्न अंगों के निर्माण तथा विकास के लिए इस युग में जो कार्य हुए, उनका ऐतिहासिक महत्त्व है।

हिन्दी साहित्य के प्रायः समस्त रीति-ग्रन्थ इसी युग में लिखे गये। इस युग के साहित्यप्रेमी और कलानुरागी राजाओं के आश्रय में रहकर कवियों और कलाकारों ने अच्छा यश कमाया। कला की दृष्टि से राजपूत शैली का निर्माण मध्य युग की सब से बड़ी देन है।

राजपूत चित्रशैली के उदय से लेकर आज तक का इतिहास जानने से पहले यह बात जाननी जरूरी है कि उसके सम्बन्ध में अनेक विद्वानों ने एक जैसे निष्कर्ष नहीं निकाले हैं। आज से कुछ वर्ष पहले राजपूत शैली का मूल्यांकन जिस सामग्री को लेकर किया गया था, वह इतनी कम थी कि उससे राजपूत शैली की परम्परा का सही रूप नहीं जाना जा सकता। इसका कारण यह है कि धीरे-धीरे विभिन्न संग्रहों से जो चित्र-सामग्री प्रकाश में आयी उसने पुरानी स्थापनाओं को निरर्थक कर दिया। यद्यपि इस दिशा में आज बहुत-कुछ कार्य हो चुका है; किन्तु देश के विभिन्न अंचलों में चित्रों के जो संग्रह सुरक्षित हैं उन सब का सर्वेक्षण और अध्ययन-अनुशीलन करना सहज कार्य नहीं है। इसके अतिरिक्त आज भी ऐसे चित्र-संग्रहों की कमी नहीं, जो विभिन्न व्यक्तियों की निजी सम्पत्ति के रूप में अज्ञात अवस्था में पड़े हुए हैं।

इस अज्ञात सामग्री के प्रकाश में आने के बाद राजपूत शैली का जो स्वरूप होगा, स्वभावतः वह आज की अपेक्षा भिन्न और अधिक व्यापक होगा। उदाहरण के लिए डॉ० हरमन ग्वेत्स ने कुछ समय पूर्व (१९४७ ई० में) बीकानेर के महलों से उपलब्ध सर्वथा अज्ञात एक विशाल चित्र-संग्रह के आधार पर राजपूत शैली के सम्बन्ध में जो नयी बातें कहीं, उन्होंने उससे पूर्व की सारी मान्यताओं को एक प्रकार से निरर्थक-सा साबित कर दिया।

राजपूत चित्रशैली के अब तक जितने चित्र प्राप्त हुए हैं उनके आधार पर अब इस बात का बहुत-कुछ हद तक पता लग गया है कि १५वीं शती ई० से लेकर १९वीं शती ई० तक राजपूत चित्रकला का इतिहास क्या था। इस प्रकार की सामग्री में कुछ तो सचित्र पाण्डुलिपियाँ हैं और अधिकतर स्फुट चित्र। लेकिन इन अधिकतर चित्रों पर किसी प्रकार की तिथि का उल्लेख न होने के कारण उनकी प्राचीनता के सम्बन्ध में प्रामाणिक रूप से कुछ नहीं कहा जा सकता। जिन चित्रों में तिथियों का उल्लेख किया गया है वे कुछ तो पाण्डुलिपियों के हैं और कुछ व्यक्तियों के। व्यक्तिचित्रों में से कुछ तो राजा-महाराजाओं के, और कुछ राजपुत्रों, सामन्तों तथा जागीरदारों के हैं।

इन्हीं चित्रों के आधार पर राजपूत शैली की परम्परा का इतिहास प्रकाश में आया है।

इन चित्रों को देखने पर ज्ञात होता है कि वे अनेक उद्देश्यों और विषयों को लेकर बनाये गये। उदाहरणस्वरूप आरंभ में जो चित्र बने उनका उद्देश्य मनोरंजन तक ही सीमित

था। उनके द्वारा चित्रकार ने कला के किसी ऊंचे या नये ध्येय का प्रकाशन किया, ऐसा नहीं दिखायी देता। वे केवल राजमहलों के भीतर ही सीमित रहे। उनके बनानेवाले चित्रकार भी वेतनभोगी थे। इस कार्य को वे वंश-परम्परा से करते चले आ रहे थे। यही कारण है कि इन चित्रों में कला के लिए स्वतन्त्र चिन्तन का अभाव और कलाकार की घिसी-पिटी तूलिका का ही आभास होता है।

कुछ राजपूत राजा ऐसे भी हुए, जिन्होंने कला के लिए अपना विशेष प्रेम प्रदर्शित करने के उद्देश्य से नये कलाकारों को बुलाकर उनसे चित्र बनवाये। उनको नकद मूल्य दिया जाता था। इस प्रकार की कुछ सचित्र पाण्डुलिपियाँ मिली हैं, जिनके अंत में लिखा गया है कि तीन हजार से छः हजार रुपया देकर उनको तैयार करवाया गया। ये चित्र, उन चित्रों की बनिस्बत कुछ उच्च कोटि के हैं, जिनको दरबारों में रहनेवाले वेतनभोगी पेशेवर कलाकारों ने बनाया।

इन तथ्यों से यह ज्ञात होता है कि राजपूत शैली आरंभ में राज-दरबारों तक ही सीमित रही। जन-सामान्य से उसका कोई संबंध नहीं रहा। इसका नतीजा यह हुआ कि राजपूत शैली ने तब तक स्वतन्त्र रूप से अपने अस्तित्व को कायम नहीं किया।

धीरे-धीरे उसका प्रचार-प्रसार होता गया। बड़े-बड़े रजवाड़ों की देखा-देखी छोटे-छोटे रजवाड़ों, क्षत्रपों, सामन्तों और जागीरदारों के यहाँ भी उसका प्रवेश हुआ। ये छोटे पैमाने के क्षत्रप राजा भी इस बात के लिए इच्छुक थे कि बड़े-बड़े रजवाड़ों की तरह उनके यहाँ भी चित्रकला को तथा चित्रकारों को स्थायी संरक्षण दिया जाय। किन्तु क्योंकि उनमें से अधिकतर क्षत्रप राजाओं की आर्थिक दशा इतनी मजबूत नहीं थी कि वे बड़े-बड़े कलाकारों का खर्च बर्दाश्त कर सकते। अतः वे चित्रकला के संरक्षण तथा चित्रकारों के प्रोत्साहन के लिए स्थायी व्यवस्था न कर सके। बड़े-बड़े राज-दरबारों में रहनेवाले कलाकारों का सम्बन्ध बाहरी राजाओं से भी होता और उनकी कला की पहुँच अधिकतर लोगों तक होती।

राजपूत शैली के जो चित्र आरंभ में बने उनमें से बहुत कम सुरक्षित रह पाये हैं। वे चित्र या तो मुगलों ने नष्ट कर दिये या लूट लिये गये। छोटे-छोटे सामन्तों और जागीरदारों तथा अन्य व्यक्तियों द्वारा जो चित्र बनवाये गये उनमें से अधिकतर चित्र बच गये। ये चित्र इसलिए बच पाये कि उनको दूसरों के हाथ बेच दिया गया था। वे जनता तक भी पहुँचे। इस प्रकार के चित्रों में लघुचित्रों की संख्या अधिक है।

राजपूत शैली के ये लघुचित्र आज इतनी अधिक संख्या में उपलब्ध हैं कि उनके विधिवत् अध्ययन से १८वीं शती ई० तक विकसित राजपूत शैली की अनेक शाखाओं का प्रामाणिक इतिहास लिखा

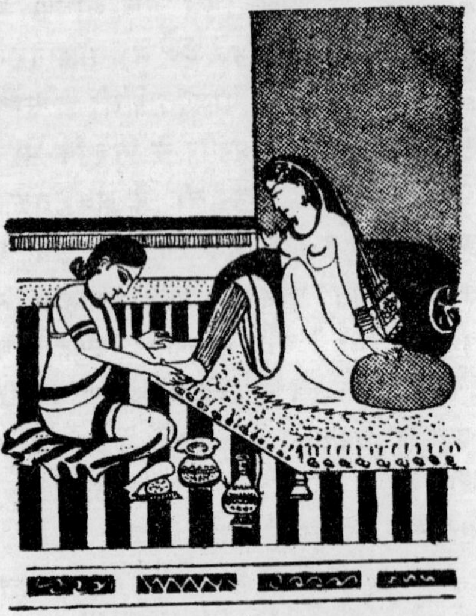

स्वाधीनम भर्तृका नायिका
राजपूत शैली, १८वीं शती

जा सकता है। लेकिन यह इतिहास उन चित्रों की दृष्टि से अधूरा ही कहा जायगा, जो राजदरबारों में बनवाये गये थे और जिनको या तो नष्ट कर दिया गया या लूट लिया गया।

राजपूत चित्रकला के जन्म या उद्भव की खोज करनेवाले कुछ कला-समीक्षकों का कथन है कि राजपूत शैली, जहाँगीरकालीन मुगलशैली की एक शाखा के रूप में जन्मी। इस बात को प्रमाणित करने के लिए यह दलील पेश की जाती है कि १६वीं शती तक राजपूत शैली का कोई ऐसा चित्र नहीं मिलता, जिस पर तिथि दी गयी हो। जिन चित्रों पर तिथि दी भी गयी है वे या तो जैन शैली के हैं अथवा उन नयी स्थानीय शैलियों के हैं, जिनके इतिहास का कुछ पता नहीं चलता।

लेकिन ये बातें अब मिथ्या साबित हो चुकी हैं। क्योंकि इस संबंध में अब इतनी अधिक सामग्री मिल गयी है, जिसके आधार पर राजपूत शैली के सही इतिहास के बारे में जानकारी प्राप्त करने के लिए किसी प्रकार की द्विविधा या किसी प्रकार के सन्देह की गुंजाइश नहीं रहती। ये आधार मोटे तौर पर इस प्रकार हैं—

१. राजस्थान में १४वीं शती से ही राजनीतिक, सांस्कृतिक और साहित्यिक जागरण के साथ-साथ कला का भी सृजन होना आरंभ हो गया था।

२. राजपूत शैली, जहाँगीरकालीन मुगल शैली की एक शाखा थी, यह कहना सही नहीं है क्योंकि जो मुगल शैली तुर्किस्तान और फारस से यहाँ आयी, उससे राजपूत शैली एकदम भिन्न है। वह विशुद्ध हिन्दू संस्कारों और परम्पराओं से बँधी है।

३. जो यह कहा जाता है कि मुगल शैली के लघुचित्रों से राजपूत शैली के लघुचित्रों की समानता होने के कारण राजपूत शैली, मुगल शैली से निकली है, यह भी युक्तिसंगत नहीं है, क्योंकि उसका कारण यह है कि राजपूतों से अकबर की मित्रता स्थापित हो चुकी थी और कला-शैलियों की दिशा में भी इस समन्वय को दर्शाया जाने लगा था।

४. अकबर के समय लड़ाइयों में प्रायः सभी राजपूत रजवाड़े लूट लिए गये थे। राजपूत शैली के जो प्राचीन चित्र-संग्रह थे वे भी इस विप्लव में नष्ट कर दिये गये।

५. राजपूत शैली, भारत में मुगलों की सल्तनत कायम होने से पहले की है। मुगल सल्तनत के जमाने में भी हिन्दू चित्रकारों द्वारा जिस चित्रशैली का निर्माण और विकास होता गया वह राजपूत शैली ही थी।

६. जब मुसलमान लोग भारत में नहीं आये थे, तभी राजपूत शैली की जड़ें जम चुकी थीं। इस प्रकार के चित्र महाराज भोज के भतीजे महाराज उदयादित्य के समय बड़ी तादाद में बने। महाराज उदयादित्य ने एलोरा की गुफाओं में चित्रकारी करायी थी। ये चित्र लड़ाइयों के हैं। सभी चित्र रंगीन हैं। उनमें स्पष्ट रूप से 'परमार' लिखा हुआ है। उदयादित्य ने मालवा पर राज्य किया, जिसका समय १२वीं शती ई० है।

७. इनके अतिरिक्त आज देश के विभिन्न संग्रहालयों में ग्वालियर के राजा मानसिंह तोमर, बैराट के राजा मानसिंह कछवाहा, अम्बर के राजा बिहारीमल आदि के समय बने चित्र सुरक्षित हैं। ये चित्र विशुद्ध राजपूत शैली के हैं और इनको १४वीं से १७वीं शती ई० के बीच बनाया गया है।

राजपूत शैली की अनेक शाखाएँ

इस प्रकार राजस्थान के विस्तृत भू-भाग में सैकड़ों चित्रकारों द्वारा लगभग १४वीं-१५वीं शती से ही चित्रों का निर्माण होना आरंभ हो गया था।

राजपूत शैली का निर्माण यद्यपि राजस्थान की धरती में हुआ; किन्तु धीरे-धीरे उसका विस्तार मध्य प्रदेश, पंजाब और हिमाचल प्रदेश जैसे दूरांचलों में हो गया। भारत के विभिन्न अंचलों में बिखरे हुए राजपूत राजाओं ने राजपूत शैली को प्रश्रय देने में अपना गौरव समझा। इस प्रकार राजपूत शैली ने स्थानीय संस्कारों और रीति-रिवाजों के अनुकूल विभिन्न शाखाओं में अपना विकास किया। ये शाखाएं इतनी अधिक हैं कि उनको गिनाया नहीं जा सकता। राजस्थान के जितने भी मुख्य-मुख्य नगर और इलाके हैं उन सब के नाम से अलग-अलग शैलियाँ हैं।

राजपूत शैली की जिन प्रमुख शाखाओं का नाम अधिक लिया जाता है उनमें ग्वालियर, अम्बर, मेवाड़, बीकानेर, जयपुर, किशनगढ़ और कोटा-बूंदी उल्लेखनीय हैं। इन स्थानीय शाखाओं का अपना अलग-अलग महत्त्व और इतिहास है।

मध्य भारत में कछवाहा तोमर और बुंदेला राजपूत कला के बड़े प्रेमी राजवंश हुए। सभी ललितकलाओं के प्रोत्साहन में ग्वालियर के मानसिंह तोमर (१४८६-१५१६ ई०) का दरबार, मध्ययुगीन भारतीय इतिहास में अपना महत्त्वपूर्ण स्थान रखता है। उसके समय वास्तुकला, मूर्तिकला, संगीत और चित्रकला की नयी दिशाएँ प्रकाश में आयीं। मानसिंह तोमर के समय ग्वालियर चित्रकारों का गढ़ बन चुका था। उसका इतना नाम हो चुका था कि अकबरी दरबार के कई चित्रकार स्वयं को 'ग्वालियरी' कहने लगे थे।

लोदियों के आक्रमण (१५१८ ई०) के कारण ग्वालियर केन्द्र के कलाकार छिन्न-भिन्न हो गये। ये कलाकार सारे बुन्देलखण्ड में बिखर गये। दतिया के राजा वीरसिंह और ओरछा के राजा शत्रुजयसिंह के समय सुन्दर भित्तिचित्र बने।

ग्वालियर के बाद राजपूत कला का यह केन्द्र अम्बर में स्थापित हुआ। १६वीं शती ई० से लेकर १८वीं शती ई० तक निरन्तर वहाँ चित्र बनते रहे। अम्बर के मन्दिरों में की गयी चित्रकारी में राजपूत शैली का आरंभिक रूप देखने को मिलता है।

इसी समय मेवाड़ में राजपूत शैली की नयी शाखा प्रकाश में आयी। नाथद्वारा और उदयपुर उसके मुख्य केन्द्र थे। नाथद्वारा में मेवाड़ शैली के जिन चित्रों का निर्माण हुआ है वे काफी बाद के थे और उनको एक प्रकार से उस परम्परा का अर्वाचीन रूप कहा जा सकता है। नेशनल म्यूजियम, दिल्ली; प्रिंस ऑफ वेल्स म्यूजियम, बम्बई; भारत कला भवन, वाराणसी और राजस्थान के विभिन्न चित्र-संग्रहों में इस प्रकार की अनेक सचित्र पाण्डुलिपियाँ और स्फुट चित्र प्राप्त हो चुके हैं, जिनके आधार पर मेवाड़ शैली की वास्तविकताएँ अधिक प्रामाणिक रूप से प्रकाश में आ चुकी हैं। इन चित्र-कृतियों के आधार पर यह सिद्ध हो गया है कि मेवाड़ शैली की प्रतिष्ठा १७वीं शती ई० में हो चुकी थी।

ये चित्र अधिकतर कृष्णभक्ति-विषयक वैष्णव धर्म के हैं। कुछ चित्रों में तत्कालीन लोक-संस्कृति का चित्रण, दरबारी जीवन का चित्रण, देहाती जीवन का चित्रण, विवाह तथा

नाच-गानों का चित्रण और राजभवनों, राजमहलों एवं युद्ध आदि विषयों का चित्रण भी बहुत प्रभावशाली ढंग से किया गया है।

मेवाड़ शैली की आरंभिक कृतियों में दर्शित कलात्मक अभिरुचि उल्लेखनीय है। यद्यपि अपनी समकालीन मुगल शैली की टेकनिक तथा उच्चता को मेवाड़ शैली के चित्रकार ग्रहण नहीं कर पाये; फिर भी उनमें निहित फिनिशिंग की बारीकी, उनकी सुहावनी दर्शनीय रंग-योजना और लैंडस्केप की सज्जा, आदि सभी में एक विचित्र आकर्षण निहित हैं। कुछ और भी बातें हैं, जो मुगल शैली की अपेक्षा भिन्न हैं। जैसे मुगल शैली के विपरीत मेवाड़ शैली के चित्रों से आम लोग परिचित थे और उनको अधिकतर लोग पसन्द करते थे। क्योंकि उसमें जनता की अभिरुचि निहित थी, अतः मेवाड़ शैली की लोकप्रियता दरबारों तथा अमीरों तक ही सीमित न रहकर जन-सामान्य तक पहुँची।

मेवाड़ शैली की यह सर्वोच्च विशेषता है।

राजपूत चित्रशैली की एक प्रभावशाली शाखा का उदय बीकानेर से हुआ। ऐसा ज्ञात होता है कि १७वीं शती ई० से पहले बीकानेर की स्थानीय शैली का विकास नहीं हो पाया था। बीकानेर के राजा रायसिंह (१५७१-१६११ ई०) के समय की एक सचित्र पाण्डुलिपि 'मेघदूत' प्राप्त है, जिसके चित्र कला की दृष्टि से तो हीन कोटि के हैं; किन्तु बीकानेर शैली की ऐतिहासिक जानकारी प्राप्त करने के लिए वह बड़ी उपयोगी है। इस पाण्डुलिपि के चित्रों को देखकर यह ज्ञात होता है कि उस समय बीकानेर शैली अपनी आरंभावस्था में थी।

राजा रायसिंह को चित्रों का बड़ा शौक था। उनके चित्र-संग्रह से प्राप्त चित्रों को देखकर मालूम होता है कि बीकानेर शैली में दो प्रकार से चित्र बनने लगे थे। एक प्रकार के चित्र वे थे, जो मुगल शाहंशाहों के निराश्रित और बीकानेर के राजाओं द्वारा आश्रित चित्रकारों द्वारा बनाये गये, और दूसरे प्रकार के चित्र वे थे, जो शाहंशाहों द्वारा मित्रतावश बीकानेर दरबार को भेंटस्वरूप दिये गये थे। इतिहास की दृष्टि से इनका बड़ा महत्त्व है।

राजा अनूपसिंह के समय (१६७४-१६९८ ई०) जो चित्र बने उनमें विशुद्ध बीकानेर शैली के दर्शन होते हैं। इस समय के चित्रकार रुक्नुद्दीन द्वारा बनाये गये चित्रों का विशेष महत्त्व है।

बीकानेर शैली के चित्रों का प्रौढ़ रूप अनूपमहल तथा फूलमहल की सज्जा में, चन्द्रमहल तथा सुजानमहल के दरबारों की चित्रकारी में और रागमाला तथा बारहमासा के दृष्टान्त-चित्रों में दिखायी देता है। बीकानेर शैली के अधिकतर चित्रकार मुसलमान थे, जिन्होंने प्रायः शुद्ध हिन्दू विषयों पर चित्र-रचना करके अपनी उदारता तथा निपुणता का प्रमाण उपस्थित किया।

राजपूत शैली की एक उन्नत शाखा किशनगढ़ से प्रकाश में आयी। किशनगढ़ एक समय बल्लभ संप्रदाय के आचार्यों का प्रमुख केन्द्र था। अतः किशनगढ़ के प्राचीन चित्रों पर उसका प्रभाव है। बाद की शताब्दियों तक किशनगढ़ शैली में राधा-कृष्ण और कृष्ण-संबंधी विभिन्न लीलाओं के चित्रों का निर्माण इसी भावना से होता रहा।

यह विशेष उल्लेखनीय बात है कि किशनगढ़ शैली के मुख्य चित्रकारों का नाम किसी प्रकार अब तक सुरक्षित रह सका है। इस प्रकार के चित्रकारों में निहालचन्द, अमरचन्द और सीताराम के नाम मुख्य हैं। ये तीनों चित्रकार १८वीं शती ई० के मध्य में हुए। ये तीनों

चित्रकार किशनगढ़ के राजा सामन्तसिंह के दरबार में रहते थे और उन्होंने सैंकड़ों चित्र बनाये।

किशनगढ़ शैली में उस्ताद निहालचंद की कलम का विशेष महत्त्व माना जाता है। राज्य की ओर से उसको जागीर मिली हुई थी। उसकी कलम में जो विशेषता दर्शित है, वह बाद में बने चित्रों में देखने को नहीं मिलती। उस्ताद निहालचंद की कलम का प्रभाव बूंदी कलम में पहुँचा।

किशनगढ़ शैली के चित्रों में रंगों की सुयोजना, वस्त्रों की सज्जा, परिधानों और मोती-हीरों के चित्रण का अनुपम सौन्दर्य दर्शित है। किशनगढ़ की शैली में मोतियों का भव्य चित्रण उसकी निजी विशेषता है।

किशनगढ़ शैली में राधा जी के सुन्दर चित्र बने। उसमें संतों, दरवेशों, गायकों, राजाओं, नवाबों और नायक-नायिकाओं की सुन्दर शबीहें भी देखने को मिलती हैं।

राजपूत शैली की समृद्धि की अनेक महत्त्वपूर्ण शाखाओं में कोटा-बूंदी शैली का विशेष महत्त्व एवं नाम है। कोटा-बूंदी के महलों में उस भव्य शैली के नमूने आज भी देखने को मिलते हैं। इस शैली के अधिकतर चित्र विदेशों में जा चुके हैं। इस शैली का सबसे बड़ा संग्रह विक्टोरिया अलबर्ट म्यूजियम, लंदन में सुरक्षित है।

इन चित्रों में काली स्याही का प्रयोग दर्शनीय है। इसके अतिरिक्त हरे रंग की पृष्ठभूमि पर गुलाबी और भूरे रंगों का समन्वय नितान्त नवीन संविधान की अभिव्यक्ति करता है।

राजपूत शैली की विभिन्न शाखाओं का परिचय पहले प्रस्तुत किया जा चुका है। उनके अलावा भी अनेक छोटी-छोटी स्थानीय शाखाएं हैं। इन शाखाओं के इतिहास और विकास-क्रम को पढ़कर स्पष्ट ही यह जानने को मिलता ही है कि भारतीय चित्रकला के इतिहास में राजपूत शैली का विशिष्ट स्थान रहा है। अपने देश की वास्तविक संस्कृति और सच्ची जन-भावना को परखने, पकड़ने में जो कौशल राजपूत शैली के चित्रकारों का रहा है, उसका अपना महत्त्व है।

राजस्थान में चित्रकला की उन्नति और लोकप्रियता का कारण वहाँ के कलाप्रेमी रजवाड़े और जनरुचि रही है। राजस्थान में कोई भी ऐसा क्षेत्र नहीं है, जहाँ के निवासियों ने कला के प्रति प्रेम प्रदर्शित न किया हो। असल में देखा जाय तो कला के साथ-साथ साहित्य का जितना निर्माण और संरक्षण राजस्थान में हुआ उतना भारत के किसी भी छोर में नहीं। मध्ययुगीन सम्पूर्ण साहित्य और कला के असंख्य केन्द्र आज भी राजस्थान के घर-घर में देखने को मिलते हैं।

जैसा कि राजपूत शैली की शाखाओं का इतिहास प्रस्तुत करते हुए बताया गया है कि वे सभी शाखाएं १८वीं शती ई० तक अपनी परिपक्वावस्था में पहुँच चुकी थीं। उनमें कई शाखाएँ तो १८वीं शती ई० तक अन्तर्धान या क्षीण भी हो चुकी थीं। इसी प्रकार कुछ शाखाओं का निर्माण इसके बाद भी होता रहा। फिर भी सामान्य रूप से यही सिद्ध होता है कि राजपूत शैली की सभी शाखाओं की चित्रण-विधियाँ १८वीं शती ई० तक प्रकाश में आ चुकी थीं।

कलाकारों को आश्रय देने वाले और कला के क्षेत्र में उदारता बरतने वाले राजस्थान के राजाओं में जयसिंह, ईश्वरीसिंह, प्रतापसिंह, रामसिंह और रावल शिवसिंह के नाम उल्लेखनीय हैं। इसी प्रकार राजस्थान में यद्यपि सैंकड़ों चित्रकार हुए, किन्तु उनमें से कुछ ही चित्रकारों के नाम सुरक्षित रह पाये हैं। इस प्रकार के चित्रकारों में साहिबराम, लालचंद, लछमनदास,

हुकुमचंद, सालिगराम, मन्नालाल, निहालचंद, रामचंदर, मुरली और गंगाबख्श के नाम लिये जा सकते हैं।

राजपूत शैली की चित्रण-विधियाँ

जैसा कि हमें ज्ञात है, १८वीं शती ई० के आरम्भ में मुगल शैली के चित्रों की भरमार हो चुकी थी, लेकिन उनके चित्रण की विधियाँ सर्वथा निजी थीं और हिन्दू रुचियों से उनका किसी भी तरह मेल नहीं था। १८वीं शती ई० के मध्य में मुगलों और राजपूतों के पारस्परिक सम्बन्ध विच्छिन्न हो जाने के बाद राजपूत शैली पर मुगल शैली का जो थोड़ा प्रभाव लक्षित हुआ था वह भी मिटने लगा। किन्तु १८वीं शती के अन्त में राजपूत शैली के जो नवीन चित्र प्रकाश में आये उनमें मुगल शैली का अंकन, मुगल रीति, मुगल परिवेश और मुगल साज-सज्जा का प्रभाव था। इस नवीन शैली के विषय यद्यपि पुरानी राजपूत शैली के ही थे, किन्तु उनमें न तो आकृतियों का सुगठन था और न प्रवाह ही। इनका रंग-विधान भी चटकीला-भड़कीला नहीं था। उनके आदर्श भी प्रायः भिन्न थे।

ये चित्र रोमानी होने के साथ-साथ शृङ्गारिक और सस्ती रुचियों के अनुकूल थे। जब तक अंग्रेजी साम्राज्य के द्वारा राजपूत रजवाड़े पूरी तरह से निःशक्त नहीं हुए थे, तब तक वहाँ कला की यही परम्परा बनी रही। किन्तु धीरे-धीरे वह वीरोचित परम्परा क्षीण होती गयी।

जहाँ तक लघुचित्रों (मिनिएचर्स) का संबंध है, १८वीं शती ई० के मध्यकाल में मुगल शैली के चित्रों से उनकी समानता थी। उनका चित्रांकन चपटा था और उनमें छाया का प्रयोग नाममात्र के लिए किया गया था। पृष्ठभूमि तो उनमें थी ही नहीं। बाद के कुछ वर्षों में राजपूत शैली के जो चित्र सामने आये उनमें रेखाओं की लयात्मकता और चटकीले रंगों का प्रयोग था। इसके साथ ही इन चित्रों में भड़कीली पोशाकें, ऊँची पगड़ियाँ, चेहरों पर अत्युक्तिपूर्ण सुन्दरता, कानों तक खिची हुई भवें, गोल कपोल, आभूषणों की भरमार और पुरुषों की लम्बी मूँछें—आदि बातों का समावेश था।

इंडो-पर्शियन (भारतीय-ईरानी) के सम्मिश्रण से भी कुछ चित्र राजपूत शैली में बने। इन चित्रों को कुछ विद्वानों ने 'प्राचीन मुगल चित्र' भी कहा है। ये चित्र मुगलों की संरक्षकता में जहाँगीर के समय तक बनते रहे।

मुगलों के प्रभाव से राजपूत शैली में दो प्रकार के चित्र सामने आये। एक तो व्यक्ति चित्र, जिनमें विदेशी प्रभाव की मात्रा अधिक थी और दूसरे काल्पनिक तथा रोमाण्टिक चित्र, जिनकी विषयवस्तु और भाव-परिवेश विशुद्ध स्वदेशी थे। राजपूत चित्रकला ने, मुगल चित्रकला के विपरीत, पर्शियन चित्रकला और हिन्दू चित्रकला के बीच की कड़ी बनकर अपनी स्थिति को बनाये रखा। उसके पर्शियन गजलों में समाविष्ट भावनाओं की इतनी गहराई है कि जिसको मुगलों के व्यक्तिचित्र छू तक नहीं सकते। राजपूत चित्रकला की प्रवृत्तियाँ धार्मिक और विधियाँ आदर्शवादी हैं। इनमें यद्यपि व्यक्तिचित्रों की कमी है; किन्तु काव्य की कोमलता और पुराणों की धार्मिक प्रवृत्तियों ने उनकी श्रेष्ठता को बनाये रखा।

राजपूत चित्रों का विषय-वैशिष्ट्य, उनका सुन्दर आलेखन, उनके रंगों एवं रेखाओं का सहज प्रवाह यह बताता है कि वर्षों के अध्ययन, अभ्यास और अध्यवसाय के बाद ही उनमें

इतनी प्रौढ़ता आ सकी। राजपूत शैली के चित्रों का अपना स्वतन्त्र महत्त्व है। श्री रामगोपाल विजयवर्गीय के अनुसार कहा जाय तो कहना चाहिए कि उनके लाल हींगुली रंग के हाशिये, बेल-बूटों की सजावट, सोने की आसफाँ से युक्त उनकी सुनहरी खत, कमलों से पूरित सरोवर, काले मेघों से आच्छन्न आकाश में सर्पाकार विद्युत् रेखाएँ दर्शनीय हैं। पक्षियों से भरे निकुंजों, मृग, मयूर तथा बलाकाओं की पंक्तियों, दीपमालाओं, दास-दासियों, अलंकृत प्राचीरों से युक्त राजभवनों की शोभा, स्त्रियों के विशाल नेत्र, उन्नत भाल-पुरुषों के आजानुबाहु, स्त्रियों के नितम्ब प्रदेश को स्पर्श करने वाले केश और पुरुषों की कर्ण प्रदेश तक फैली हुई गुच्छेदार मूँछों की ऐंठन आदि अनेक विशेषताएँ राजपूत चित्रों में सर्वत्र दिखायी देंगे।

शास्त्रीय निर्देशों के अनुसार नायिकाओं के विभिन्न रूपों को चित्रित करने में भी उन्होंने निपुणता दिखायी है। नायिकाओं के प्रत्येक अवयव को उन्होंने इतना आकर्षक बना दिया है कि देखने वाला मोहित हो जाता है। उनके चित्रों में रीतिकालीन कवियों की कल्पनाएँ साकार रूप में बड़ी सजीवता से उभरी हैं। नायिकाओं की सुगठित मुखाकृति में विभिन्न भावों को ध्वनित करने वाले नयन, नितम्ब प्रदेश को स्पर्श करके अपनी शोभा को बिखेरता हुआ केशकलाप, यौवन की खुमारी से मदहोश अंग-प्रत्यंग, कुँवारे वक्षों पर झूलते हुए आभूषण और रंग-रंजित हाथ-पैरों की शोभा राजपूत शैली के चित्रों की अपनी अलग विशेषता है। राग-रागिनी, ऋतु-वर्णन और बारहमासा आदि के चित्रण में भी उनका कौशल दर्शनीय है।

इनके अतिरिक्त 'रामायण' तथा 'महाभारत' के धार्मिक तथा पौराणिक विषय; सूर की कविताओं का भक्तिभाव, बाल्यभाव एवं युवाभाव; मतिराम, केशव, देव, बिहारी और पद्माकर आदि हिन्दी रीतिकालीन कवियों की शृङ्गार-कल्पनाएँ और मीरा के आत्म-समर्पण का भाव—सभी का अविकल रूप राजपूत चित्रों में दर्शित है।

नारी-सौन्दर्य को चित्रित करने में राजपूत शैली के चित्रकारों ने विशेष दक्षता दिखायी। उनके सुगठित सुन्दर अंग-प्रत्यंगों का आकर्षक चित्रण और जौहर की बलिवेदी पर आत्मविसर्जन का कठोर संकल्प—नारी के इन दोनों रूपों को राजपूत शैली के चित्रकारों ने बहुत ही सजगता से दर्शित किया है।

राजस्थान के दुर्ग, प्राचीर, प्रासाद, वहाँ की पार्वत्य भूमि, वहाँ के मन्दिर, हवेलियाँ और सामान्य घरों के चौकों, दीवालों का सुन्दर चित्रण भी इन चित्रों में दर्शित है। राजपूत शैली के संवर्धन में यद्यपि मुगल शैली का बहुत योग रहा है, फिर भी उनकी अधिक चित्रण-विधियाँ सर्वथा अपनी हैं। विशेष रूप से वृक्ष-लता, पशु-पक्षी आदि का आलेखन सर्वथा निजी है। इसके विपरीत मुगल शैली के आलेखनों में भारतीय भावनाओं का समावेश मुगल शैली के प्रभाव से उसमें आया।

राजपूत शैली के चित्रों में लाल हिंगुली रंगों के हाशिये दर्शनीय होते हैं। इसके अलावा उनमें बेल-बूटों की सजावट, सुनहरी कलम का प्रयोग, कमलों से पूरित सरोवर और मेघों से आच्छन्न आकाश के दृश्य दर्शनीय हैं। राजपूत शैली में चटकीले और चमकदार रंग-संयोजना भी अपनी अलग विशेषता रखती है। जयपुर शैली के चित्रों में मुख्यतया हरे रंग का उपयोग किया गया है। इसी प्रकार उनका हाशिया, रजतवर्ण, काला तथा लाली युक्त है। उसमें प्रकृति तथा पशु-पक्षी सम्बन्धी चित्रों की अधिकता है।

७

मुगल शैली

१५५० से १८०० ई० तक

मुगल शैली का विकास

भारतीय चित्रकला के इतिहास में मुगल शैली का कई दृष्टियों से महत्त्वपूर्ण स्थान है। उसके कारण भारतीय चित्रकला को नया आलोक और नये प्रगतिशील तत्त्व मिले। उसके द्वारा देश के सामाजिक, सांस्कृतिक और धार्मिक अभ्युन्नति तथा एकता की दिशा में संतोषजनक कार्य हुआ। कलाप्रेमी मुगल शाहंशाहों ने भारत की पुरातन कलाथाती की सुरक्षा की, भारतीय साहित्य की लोकप्रिय कृतियों का अनुवाद कराया और उनके दृष्टान्त-चित्र बनवाये। मुगलों की यह स्थायी देन भारतीय कला के इतिहास के लिए चिरस्मरणीय है।

मुगल शैली की ठोस परिष्कृत पृष्ठभूमि पर राजपूत शैली के संविधानों को रूपायित करके पहाड़ी शैलियों का निर्माण हुआ, जिनके कारण भारतीय चित्रकला को एक नया आलोक मिला। पहाड़ी शैलियों को जीवनी तत्त्व राजपूत शैली से मिले; किन्तु उनको संवैधानिक लोकप्रियता प्राप्त हुई मुगल शैली से। पहाड़ी शैलियों के निर्माण और उत्थान का श्रेय मुगल दरबारों से निकले हुए कलाकारों को ही प्राप्त है।

इस प्रकार भारतीय चित्रकला के निर्माण और विकास में मुगल शैलो का महत्त्वपूर्ण योग रहा है।

ऐतिहासिक दृष्टि से विचार किया जाय तो विदित होता है कि मुगल शैली की व्यापक पृष्ठभूमि में मुगल सल्तनत का सम्पूर्ण इतिहास समाहित है। शाहंशाह बाबर से लेकर औरंगजेब के समय तक भारत के साहित्यिक, सांस्कृतिक उत्थान-पतन का वास्तविक रूप तत्कालीन चित्रों में देखा जा सकता है। मुगल युग की तथ्यात्मक जानकारी के लिए मुगल शैली का बहुत महत्त्व है।

इस दृष्टि से कदाचित् यह भी संभव जान पड़ता है कि अपने शासन की सुप्रतिष्ठा एवं लोक-प्रियता के लिए मुगल शाहंशाहों ने कला को एक महत्त्वपूर्ण एवं प्रभावशाली माध्यम के रूप में स्वीकार किया था। तत्कालीन इतिहास हमें बताता है कि मुगल शाहंशाहों द्वारा कला को जितना भी सम्मान एवं संरक्षण प्राप्त होता रहा, शासन को उतनी ही अधिक सामाजिक मान्यता प्राप्त होती गयी। इसके विपरीत कला के प्रति जितनी ही उदासीनता एवं उपेक्षा बरती गयी, शासन के लिए प्रजाप्रेम में उतना ही अविश्वास उत्पन्न होता गया। यही कारण था कि बाबर, अकबर, जहाँगीर जैसे दूरदर्शी शासकों ने कला का हृदय से सम्मान किया और देश के सभी कलाकारों को राजकीय संरक्षण देकर कला के प्रचा-प्रसार तथा अर्जन-वर्द्धन के लिए निरन्तर यत्न किया। दूसरी ओर औरंगजेब जैसे कला-प्रेमशून्य शासक ने अपने अथक यत्नों के बावजूद भी प्रजा का वास्तविक सम्मान प्राप्त न किया।

अपनी महनीय विशेषताओं के कारण मुगल चित्रशैली का आज विश्वव्यापी सम्मान है। विदेशी कलाविदों द्वारा उस पर अनेक ग्रन्थ लिखे गये हैं और विश्व की महान् कलाशैलियों में उसकी गणना की गयी है। उसके जन्मदाता कलाकारों की अनूठी सूझ-बूझ और अथक साधना को मुक्तकण्ठ से सराहा गया है।

मुगल शैली की इस वैभवावस्था को देखकर तत्कालीन भारत की सुख-समृद्धि और जीवन-स्वातंत्र्य का सहज ही अनुमान लगाया जा सकता है। जिस युग में कला को इतनी अभिरुचि से अपनाया गया उस युग की सांस्कृतिक उन्नति का अन्दाजा आज भी लगाया जा सकता है। इस देश का वह गौरवशाली अतीत सचमुच ही अविस्मरणीय है। उसका इतिहास बड़ा उज्ज्वल है।

मुगल शासक

भारत में मुगल सल्तनत की प्रतिष्ठा हो जाने के बाद जो नये परिवर्तन प्रकाश में आये, कला का उनमें प्रमुख स्थान है। मुगलों से पहले इस देश में कला की जो परम्परा प्राचीन काल से चली आ रही थी, उसको नयी गति और विकास की नयी दिशाएँ प्राप्त हुईं। इस्लाम धर्म के कटु निषेधों और कठोर प्रतिबन्धों के बावजूद भी मुगल शाहंशाहों ने कला की उन्नति में विशेष रुचि प्रदर्शित की। प्रकृति के लिए मोह और सौंदर्य की चाह उनमें जन्म से ही थी। शाहंशाह बाबर और शाहंशाह जहाँगीर के संस्मरणों को पढ़कर ज्ञान होता है कि स्वान्तः सुखाय और आत्म-शांति के लिए वे कई घंटों तक एकान्त में बैठकर प्रकृति का आनन्द लिया करते थे। अकबर तो चित्रसाधना को ईश्वर-प्राप्ति और ज्ञानप्राप्ति में सहायक समझता था। वह ऐसे लोगों से नफरत करता था, जिनमें चित्रकला के लिए प्रेम एवं अनुराग न हो।

भारत में मुगल सल्तनत का संस्थापक बाबर था। वह तैमूर उमरशेख का पुत्र था और १५२७ ई० में उसने भारत पर अपनी सल्तनत को कायम किया। वह स्वयं गुणज्ञ और विज्ञानुरागी तथा कलाप्रेमी था। अतः उसने विद्वानों और कलाकारों का आदर किया। वह कवि और सुन्दर गद्य का लेखक था। तुर्की भाषा में लिखा हुआ उसका आत्मचरित बड़े महत्व का ग्रन्थ है। अपने आत्मचरित में उसने फारसी कला की, विशेष रूप से उस्ताद बिजहाद की कला-शैली की बड़ी प्रशंसा की है।

अपने शासनकाल में चित्रकला की अभ्युन्नति के लिए वह जो कुछ कर सकता था उसको अधूरे में ही छोड़कर दिवंगत हो गया।

उसके बाद मुगल शासन की बागडोर हुमायूँ के हाथों आयी। कला की अभिरुचि हुमायूँ को पुश्तैनी रूप से मिली थी। वह स्वयमेव उच्चकोटि का कलाकार था और अपने दरबार में अनेक कलाकारों का आश्रय देकर कला की निरन्तर सेवा करता आ रहा था। शीरीं कलम के प्रसिद्ध चित्रकार अब्दुस्समद शीराज़ी और मीर सैयद अली को उसने काबुल से दिल्ली बुलाया था। ये चित्रकार उसके पुत्र अकबर के दरबार में भी रहे।

अकबर जब १५५६ ई० सिंहासनारूढ़ हुआ तो उसकी आयु कुल तेरह वर्ष की थी। किन्तु अपनी विलक्षण सूझ-समझ और कार्य-क्षमता के कारण उसने प्रजा के मन में अपने लिए जगह बना ली थी। अपने सद्गुणों के कारण उसने प्रजा को मोह लिया था। अपने पिता से विरासत में उसने पाया कला प्रेम और कलाकारों को और भी प्रोत्साहित किया। अबुलफजल ने 'आइने-अकबरी' में लिखा है कि चित्रकला के प्रति अकबर का बाल्यकाल से ही झुकाव था। उसने बड़े-बड़े कलाकारों को अपने दरबार में आश्रय दिया और उन्हें उचित अर्थ एवं सम्मान प्रदान करके चित्रकला की उन्नति के लिए प्रोत्साहित किया। इस प्रकार के लगभग सौ उच्चकोटि के चित्रकार अकबर के दरबार की शोभा बढ़ाते थे। अकबर के इन चित्रकारों की प्रसिद्धि ईरान और योरोप तक फैली हुई थी। उनमें हिन्दू चित्रकार अधिक थे।

कला के समुचित मूल्यांकन और कलाकारों को प्रोत्साहित करने के लिए अकबर के दरबार में प्रति सप्ताह चित्रों की प्रदर्शनी लगा करती थी। इस प्रकार की प्रदर्शनियों से समाज में कला के प्रति अभिरुचि उत्पन्न होती थी। कलाकार अब्दुस्समद की अध्यक्षता में अकबर ने एक कला-निकेतन भी स्थापित किया था।

अकबर के बाद उसका पुत्र जहाँगीर १६०५ ई० में सिंहासन पर बैठा। वंश-परम्परा से प्राप्त कला की विरासत को उसने बड़ी योग्यता के साथ सँभाले रखा, बल्कि उसको समृद्ध भी किया। कला के संग्रह का उसको बड़ा शौक था। जो भी सुलिपि में लिखी हुई पोथी उसकी नजरों से गुजर जाती उस पर वह अपना दस्तखत कर दिया करता था। अच्छे-अच्छे चित्रों के अलबम तैयार कराने का उसको बड़ा व्यसन था।

'तुजुक-ए-जहाँगीरी' के नाम से जहाँगीर ने आत्मचरित लिखा है। इस पुस्तक को पढ़कर ज्ञात होता है कि वह कितने उदार विचारों का दूरदर्शी, विनोदी, बुद्धिमान् और सबसे बढ़कर कला-प्रेमी था। ईरानी चित्रकार आकारिजा और उसका पुत्र अबुल हसन जहाँगीर के बड़े प्रेम-पात्र थे। अपने हिन्दू चित्रकार बिशनदास के बारे में जहाँगीर ने बड़ी प्रशंसापूर्ण घटनाएँ लिखी हैं।

उसके बाद उसका पुत्र शाहजहाँ १६२८ ई० में मुगल सल्तनत का स्वामी नियुक्त हुआ। शाहजहाँ में हमें अपने पूर्वजों जैसी उत्कट कलाप्रियता नहीं दिखायी देती। यद्यपि उसके दरबार में भी चित्रकारों का जमघट लगा रहता था, फिर भी उनमें न तो वैसा उत्साह था और न कला के प्रति वैसी स्वाभाविक अभिरुचि ही।

शाहजहाँ की अपेक्षा उसके बड़े पुत्र दारा शिकोह में कला के लिए अधिक प्रेम था। चित्रकला और चित्रकारों के प्रति उसका प्रेम अपने पूर्वजों जैसा था।

शाहजहाँ के बाद औरंगजेब ने १६५८ ई० में शाही सल्तनत को सँभाला। उसकी संकीर्ण मनोवृत्ति और कट्टर मुगलपन ने कला के सभी स्रोतों को सुखा दिया। औरंगजेब के दरबारी चित्रकारों में यद्यपि हिन्दुओं की ही अधिकता थी; किन्तु उनमें अब स्वाभाविक प्रेरणा न होकर खुशामदी प्रवृत्तियों का प्राबल्य हो गया था।

औरंगजेब की उदासीनता के बावजूद उसके युग में शाही चित्रशालाएँ कायम रहीं। किन्तु उन्नति की जगह उनकी अवनति हुई। दक्षिण के बीजापुर और गोलकुण्डा के दरबारों के मुसव्विरों का सम्मान-आदर पूर्ववत् बना रहा। हमें १७वीं शती ई० के अन्त में निर्मित जो चित्र मिलते हैं उनका निर्माण औरंगजेब के आश्रय में न होकर दक्षिण के दरबारों में हुआ।

औरंगजेब द्वारा चित्रकला ऐसा बहिष्कार हो जाने के बाद समाज में चित्रकला का महत्त्व कम होता गया। ऐसी स्थिति में हतोत्साह होकर दरबारी चित्रकार धनिकों का आश्रय पाने की लालसा में इधर-उधर बिखरने लगे। कलाकारों के इस प्रकार विकेन्द्रित हो जाने के कारण भारतीय चित्रकला के क्षेत्र में एक नये अध्याय का समारंभ हुआ। यह समारंभ हुआ चित्रकला का प्रान्तीय शाखाओं के पनपने के रूप में।

मुगल बादशाहों के प्रश्रय में संरक्षित और पल्लवित मुगल शैली का भारतीय चित्रकला के इतिहास में अपना महत्त्वपूर्ण स्थान है। बृहद् भारतीय जन-मानस में कला के प्रति अनुराग जगाने और देश के कलाकारों को समुचित आदर-सम्मान प्रदान करने में मुगल शासकों की देन अमर है।

इस देश की भावी कला-उन्नति के लिए मुगलों ने जो कार्य किया, इतिहास में वह स्वर्णाक्षरों में लिखा गया।

चित्रकला के इतिहास में मुगलकालीन भारत का विशेष महत्त्व है। इस्लाम धर्म में चित्रों को अंकित करने की परम्परागत रूढ़ियों, कुण्ठाओं और निषेधों के बावजूद भी कलानुरागी मुगल शासकों ने जो पहला कार्य किया वह था स्थापत्य एवं चित्रों की उन्नति का। उन्होंने विशाल दुर्गों और भव्य स्मारकों को स्थापित कर अपनी कलाप्रियता का परिचय दिया। उन्होंने कलाकारों को समुचित सम्मान एवं आदर दिया। उनकी कला-साधना के लिए उन्हें समुचित सुविधाएँ दीं। उनके नाम ज़मीन-जागीरें बाँधीं, उन्हें आर्थिक सहायता दी और दरबार में उनके लिए स्थान निश्चित किया। वे बड़ी दिलचस्पी से स्वयं भी कलाकृतियों की बारीकियों को जानने और क्रियात्मक रूप से चित्रशालाओं में बैठ कर अभ्यास करने लगे। इस प्रेरणा, प्रोत्साहन और अभिरुचि के परिणाम-स्वरूप कलाकारों के अनेक वर्ग बड़ी तेजी से प्रकाश में आये और मुगल शैली के रूप में भारतीय चित्रकला के इतिहास में एक नये अध्याय का श्रीगणेश हुआ।

मुगल शैली की चित्रण-विधियाँ

मुगल शैली के आश्रयदाता मुगल शाहंशाहों के परिचय में उनकी कलाप्रियता के बारे में विस्तार से प्रकाश डाला जा चुका है। मुगल शैली की इतनी समृद्धि और उसके इतने आदर-सम्मान का कारण मुगल शाहंशाहों की यह कलाप्रियता ही रही है। अपने इस कलाप्रेम के कारण उन्होंने न केवल भारतीय कला के इतिहास को नया मोड़ दिया; बल्कि कला के माध्यम से धार्मिक, राजनीतिक और सामाजिक जीवन में समन्वय स्थापित करके भारतीय जनता के दिलों में भी अपने लिए आदरणीय स्थान बनाया।

शाहंशाह बाबर को यद्यपि कई तरह की दिक्कतों से जूझना पड़ा, तब भी अपने शासन-काल में कला की उन्नति के लिए जितना बन सका, उसने किया। अकबर ने इस दिशा में सबसे अधिक रुचि से कार्य किया। उसने सबसे पहला कार्य तो यह किया कि धर्म के निषेधों और प्रति-बंधों से नियन्त्रित चित्रकला को उभार कर उसको लोकगोचर किया। धर्म के ठेकेदार मौलवी-मुल्लाओं के कुप्रचार के भय से भारतीय चित्रकार अपने क्षेत्र से हटते जा रहे थे। किन्तु अकबर की उदारता और दूरदर्शिता ने उन चित्रकारों में नये जीवन का संचार किया।

अकबर की इस बुद्धिमत्ता को ठीक तरह से कार्यान्वित किया जहाँगीर ने। किन्तु जहाँगीर के बाद मुगल शैली की निरन्तर उन्नतावस्था शिथिल पड़ती गयी; और यद्यपि इस दिशा में शाहजहाँ ने अपनी शक्ति भर यत्न किया, फिर भी अपने शासन की विपरीत परिस्थितियों के आगे उसके उद्योग पूरी तरह सफल न हो सके। औरंगजेब के कठोर शासन ने मुगल चित्रकला की इस महान् थाती को सर्वथा छिन्न-भिन्न कर दिया।

जहाँ तक मुगल शैली के चित्रों की चित्रण-विधियों का संबंध है, उसमें मुख्यतया दो तरह के चित्र बने, जिनके नाम हैं, १. व्यक्तिचित्र (पोर्ट्रेट) और २. लघुचित्र (मिनिएचर)। ये दोनों प्रकार के चित्र छविचित्र कहलाते हैं। इनके अलावा मुगल शैली में प्रकृति-चित्र और पशु-पक्षी-सम्बन्धी चित्रों का निर्माण भी होता रहा। इस युग में दृष्टान्त-चित्रों का बहुत प्रचलन रहा।

इन मुगल शैली के चित्रों में दो प्रकार की शैलियों का सम्मिश्रण है : भारतीय और ईरानी।

मुगल चित्रकारों ने अन्त:सौंदर्य की अभिव्यक्ति के लिए भारतीय शैली और वाह्य सौन्दर्य की अभिव्यक्ति के लिए ईरानी शैली का आश्रय लिया। भारतीय शैली के मुगल चित्रों में भावना की प्रधानता और ईरानी शैली के मुगल चित्रों में उत्तम रेखांकन तथा सुलेखन का समावेश हुआ।

बाबर के समय जो चित्र बने उनमें अधिकतर ईरानी शिल्प का समावेश था। बाबर तथा हुमायूं के दरबार में रहने वाले ख्वाजा अब्दुस्समद शीराजी और मीर सैयंद अली नामक चित्रकारों ने ईरानी शिल्प को भारतीय शैली में ढालकर मुगल चित्रशैली के क्षेत्र में एक नये युग का सूत्रपात किया। हुमायूँ के शासनकाल में निर्मित 'हम्जानामा' की सचित्र पाण्डुलिपि मुगल शैलो का उदगम ग्रन्थ है। हुमायूँ के शासनकाल में मुगल दरबार की अपनी कोई स्वतन्त्र शैली नहीं थी। ईरानी शैली की हिरात कलम का हो तब तक वहाँ एकाधिपत्य था।

अकबर के दरबार में भी ये दोनों कलाकार रहे। उन्होंने अकबर की नीति और रुचि के अनुसार कला में भी सामंजस्य की नयी भावना का समावेश किया। उन्होंने ईरानी आकारों में भारतीय रंगों को सँजोकर अकबर के विचारों को साकार कर दिया।

अकबर के समय मुगल शैलो का स्वर्णयुग रहा है। उसी के शासनकाल में ईरानी कलम की जगह भारतीय शैली ने ली। हिन्दू चित्रकारों और ईरानी चित्रकारों में एक बड़ा भेद वर्णमाला या अंक-लेखन के सम्बन्ध में था। हिन्दू चित्रकारों की वर्णमाला तथा अंकमाला का प्रयोग उतना आकर्षक नहीं है; किन्तु ईरानी शिल्प के मुसव्विरों ने जिस सुलेखन और सुलिपि का प्रयोग किया है वह अद्भुत है।

फारसी तथा ईरानी शिल्प के चित्रकारों में यह रिवाज था कि एक पाण्डुलिपि को लगभग तीन व्यक्ति पूरा करते थे। उनमें पहला शेर लिखता था, दूसरा रेखांकन करता था और तीसरा रंग भरता था। इसीलिए वे पाण्डुलिपियाँ सुलेखन, सुरेखांकन और सुन्दर रंग-विधान आदि सभी दृष्टियों से उत्तम हुआ करती थीं। हिन्दू चित्रकारों ने ईरानी चित्रकारों के सहयोग से इन सब बातों को भली-भाँति हृदयंगम किया।

अकबर के समय पुस्तकों को चित्रित करने की दिशा में काफी वृद्धि हुई। उसके पोथीखाने में लगभग २४,००० हस्तलिखित पोथियों का संग्रह था। उनमें बहुत-सी पोथियाँ सचित्र थीं, जिनमें कुछ की लागत एक लाख से भी ऊपर थी।

अकबर की चित्रशाला भी अपने ढंग की एक थी। अकबर के प्रसिद्ध कला-निकेतन में सैकड़ों बड़े-बड़े चित्रकार अपनी कला की साधना किया करते थे। इन चित्रकारों ने फारसी और भारतीय पोथियों को चित्रित करने के अतिरिक्त ऐतिहासिक और व्यक्तिचित्र भी बड़ी तादाद में बनाये।

अकबरकालीन चित्रों को राय कृष्णदास ने चार श्रेणियों में विभक्त किया है—

१. अभारतीय कथाओं के चित्र—हम्जा चित्रावली इसका उदाहरण है, जिसका निर्माण १५६०-१५७५ ई० के बीच अकबर ने तैयार कराया था।
२. भारतीय कथाओं के चित्र—इन चित्रों में काश्मीरी और राजस्थानी शैली की प्रधानता है। इनका विषय भारतीय काव्य है; विशेषतः रामायण, महाभारत और नैषधचरित।
३. ऐतिहासिक चित्र—शाहंशाह अकबर का शाही पोथीखाना लगभग चौबीस हजार हस्तलिखित पोथियों से भरपूर था, जिनमें सैकड़ों पोथियाँ सुलिखित और सचित्र थीं। उनमें ऐतिहासिक महत्त्व की सचित्र पोथियों की अधिकता थी।

४. व्यक्तिचित्र—व्यक्तिचित्रों के अंकन में भी अकबरकालीन चितेरों ने बड़ी निपुणता दिखायी। ये व्यक्तिचित्र आज भी विदेशी संग्रहालयों से लेकर भारतीय संग्रहालयों तक सर्वत्र सुरक्षित हैं। अकबर को व्यक्तिचित्रों (पोर्ट्रेट) का बड़ा शौक था। वह स्वयं भी छवि-चित्रों को तैयार करता था। सल्तनत के विशिष्ट व्यक्तियों और अपने पूर्वपुरुषों के चित्रों का उसने एक बहुत बड़ा अलबम तैयार कराया था, जिसमें से अब कुछ ही चित्र शेष रह पाये हैं।

अकबर के बाद जहाँगीर ने मुगल कला के स्वर्णिम युग को बड़ी योग्यता और निष्ठा से आगे बढ़ाया। उसके समय में शैली और शिल्प की दृष्टि से मुगल चित्र भारतीयता के अधिक निकट थे। अकबर द्वारा समारंभ शैली में उच्च कलात्मक ध्येयों और नये विकास-तत्वों का समावेश हुआ। मानवीय अभीप्साओं, आकांक्षाओं और भावनाओं के अनुरूप चित्र जहाँगीर के ही समय में बने। जहाँगीर के समय कलाकारों द्वारा तैयार किये गये रंगों और उनको दर्शाने का ढंग अपूर्व था। रंगों के अतिरिक्त रेखाओं के अंकन की दिशा में भी जहाँगीरकालीन चित्रकारों ने अपनी विशेषता का परिचय दिया। उस समय के चित्रकारों की यथार्थ दृष्टि उल्लेखनीय है।

अकबरकालीन चित्र हमें पुस्तकों के दृष्टान्त रूप में अधिक देखने को मिलते हैं; किन्तु जहाँगीर के समय स्फुट-चित्र अधिक संख्या में बने।

जहाँगीर सर्वगुण-सम्पन्न उच्चकोटि का कलाकार और कला पारखी था। उसके समीक्षकों का उसके सम्बन्ध में कहना है कि वह 'सहृदय, सुरुचि सम्पन्न, पहले दर्जे का चित्रप्रेमी, प्रकृति सौंदर्य का उपासक, वृक्ष-खग-मृग-विज्ञाता, संग्रहकर्ता, विशद वर्णनकार और सबसे अधिक पक्का जिज्ञासु तथा प्रज्ञावादी था।' उसकी कला-साधना इतनी परिपक्व थी कि वह एक ही आकृति एवं एक ही रूप-रंग से तैयार किये गये अनेक चित्रकारों के चित्रों को छाँटकर अलग कर सकने की क्षमता रखता था। इससे भी आगे उसकी साधना एवं परख इतनी प्रौढ़ हो चुकी थी कि अनेक चित्रकारों द्वारा तैयार किये गये एक ही चित्र के विभिन्न कलाकारों के अंश को वह अलग कर सकता था। चित्र-कला का रहस्य जैसे उसे स्वयं-सिद्ध हो चुका था।

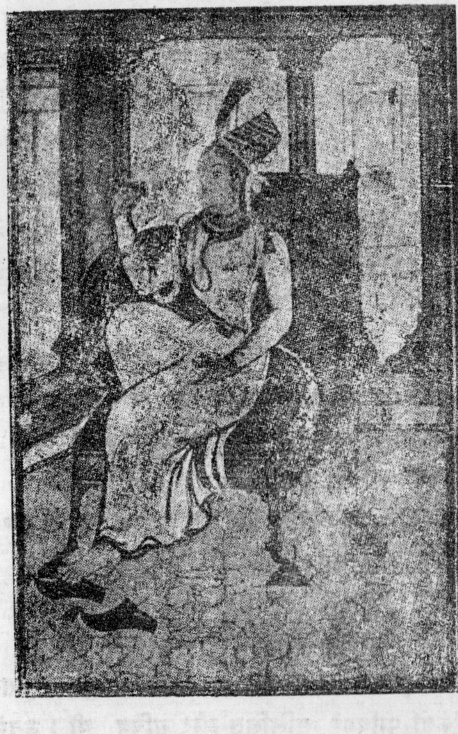

मुगल महिला, मुगल शैली १८वीं शती ई०

जहाँगीरकालीन मुगल शैली की सम्पूर्ण विशेषताएँ 'भारतीय सुन्दरी' शीर्षक चित्र में निहित हैं, जो कि सम्प्रति भारत कला भवन, वाराणसी में सुरक्षित है। उसमें आकृति की सुघराई और अंग-प्रत्यंग का सुगठन अपने चरम उत्कर्ष पर है।

जहाँगीर के बाद शाहजहाँ के समय मुगल

शैली में पर्याप्त परिवर्तन हुआ। यह परिवर्तन उसकी उच्चता का परिचायक नहीं, हीनता का परिचायक था। इस समय के बने अधिकतर चित्रों में भीतरी सौन्दर्य के भाव प्रदर्शित न होकर रियाज, बारीकी, रंगों की तड़क-भड़क, हस्तमुद्राओं का आकर्षण, अंग-प्रत्यंगों का अवास्तविक उभार और हुकूमत का दबदबा अधिक दिखायी देता है। स्त्रियों के अंगों का आकर्षक चित्रण करने में उस समय के चित्रकारों ने अवश्य कमाल दिखाया; किन्तु मुगल शैली के भावी विकास-विस्तार के लिए यह स्थिति कुछ अच्छी साबित नहीं हुई।

ऐसा विदित होता है कि अकबर और जहाँगीर के समय मुगल शैली की जो प्रगति रही है, शाहजहाँ उसका निर्वाह करने में असफल रहा। शाहंशाह शाहजहाँ के बड़े पुत्र शाहजादा दारा के द्वारा सीमित अंशों में अपने पूर्वजों की परम्परा की रक्षा अवश्य हुई। हिन्दू विद्वानों और चित्रकारों के प्रति उसका प्रेम अपने पूर्वजों जैसा बना रहा।

औरंगजेब के समय मुगल शैली की स्थिति बहुत ही क्षीण-हो गयी। उसने चित्रकारों और चित्रकला को कोई महत्त्व नहीं दिया। अपने पूर्वजों द्वारा संस्थापित एवं निर्वाहित इस महान् कला-थाती के लिए उसके मन में कोई स्थान नहीं था। अतः उसके समय मुगल शैली का ह्रास ही हुआ।

इस प्रकार, चित्रण-विधा की दृष्टि से यदि हम मुगल शैली का सर्वेक्षण करते हैं तो हमें ज्ञात होता है कि निरन्तर दो सौ वर्षों के लम्बे समय तक उसमें नित नवीनीकरण होता रहा; किन्तु आदि से अन्त तक उसमें जो एक ही बात देखने को मिलती है वह है उसकी सूक्ष्मता तथा सौम्यता। मुगल शैली के सभी चित्रकारों ने परम्परा से प्रवर्तित इन विशेषताओं को अपनी कृतियों में एक जैसे रूप में उतारा। व्यक्तिचित्र, लघुचित्र और प्रकृतिचित्र, सभी में परम्परा की मान्यताओं का पालन किया गया। उसकी लोकप्रियता और स्थायित्व का कारण यही है।

राजपूत और मुगल शैलियों की तुलना

राजपूत और मुगल, दोनों चित्र-शैलियों का तुलनात्मक अध्ययन करने पर ज्ञात होता है कि उनमें अनेक दृष्टियों से भिन्नता है और अनेक दृष्टियों से एकता भी।

भिन्नता के आधार

१. मुगल शैली का मूल आधार भारतीय न होकर ईरानी था। ईरान और भारतीय कला-शैलियों के मेल से जिस नयी शैली का जन्म हुआ उसी को 'मुगल कलम' के नाम से कहा गया। किन्तु राजपूत शैली विशुद्ध भारतीय है। इसलिए दोनों शैलियों के शिल्प, संविधान और स्वभाव में भिन्नता का होना स्वाभाविक ही है।

२. विषय की दृष्टि से विचार किया जाय तो दोनों शैलियों की अपनी मौलिक भिन्नताएँ हैं। मुगल शैली के चित्र राजसी तथा सामन्ती परंपराओं से प्रभावित और यथार्थवादी हैं, जब कि राजपूत शैली के चित्र कल्पना प्रचुर हैं और उनमें जनवादी दृष्टि तथा रूमानियत है। मुगल कलम के मुसव्विरों ने जहाँ सामन्तों और बादशाहों के व्यक्ति-चित्र बनाने में ही अपनी कला का सर्वोच्च ध्येय समझा, वहाँ राजपूत शैली के चित्रकारों ने समस्त जीवन को अपनी कला के लिए चुना। मुगल शैली के चित्रों का विषय प्रायः राजउद्यान, राजपरिवार, राज-दरबार और युद्ध का चित्रण करना रहा है। लेकिन राजपूत शैली के चित्रकारों का विषय

ग्रामीण जन-जीवन का चित्रण, प्रेमकथाओं, लोककथाओं और धार्मिक रीति-रिवाजों से सम्बद्ध रहा है।

३. रंग-विधान और अलंकरण-सज्जा की दृष्टि से भी दोनों शैलियों में भिन्नता है। इस दृष्टि से राजपूत शैली, मुगल शैली के राजस-प्रधान और घोर यथार्थवाद से मुक्त है। राजपूत शैली में मुगल शैली की भाँति, सूक्ष्म चित्र बनाना या प्रकाशमय हस्तलिपि दर्शित करना मुख्य नहीं रहा है। जहाँ मुगल चित्रों में, फारसी हस्तलिपि के समान, पूर्ण रूप से एक-एक रेखा की नकल होती है, वहाँ राजपूत शैली के चित्रों में स्वतन्त्र गति और नयी रूप-रचना की प्रधानता है।
४. मुगल शैली का जन्म लघुचित्रों के अंकन से हुआ। किन्तु राजपूत शैली का आरम्भ भित्ति-चित्रों के अंकन से हुआ। मुगल शैली में कलम की बारीकी, रंगों का आकर्षण, परम्परा तथा पूर्वाग्रह की लीक दिखायी देती है। किन्तु राजपूत शैली में आदर्शमय हिन्दू जीवन का एवं शौर्य और सौन्दर्य का समावेश है। मुगल शैली में अधिकतर वैभव, विलास और उद्दाम जीवन का चित्रण हुआ। किन्तु राजपूत शैली में तुलसी, सूर, और मीरा जैसे संत कवियों की वाणियाँ मुखरित हैं।
५. राजपूत शैली में एक त्रुटि यह देखने को मिलती है कि उसमें चित्रकार का नाम नहीं मिलता। किन्तु मुगल शैली के अधिकतर चित्रों में चित्रकार का नाम लिखा हुआ मिलता है। राजपूत शैली के चित्रों में विषय, रंग या नाम सभी बातें देवनागरी लिपि में लिखी होती हैं। किन्तु मुगल शैली के चित्रों में फारसी लिपि का प्रयोग किया गया है।
६. राजपूत शैली के चित्रों का निर्माण-स्थान राजस्थान, उत्तर भारत, पंजाब और हिमांचल प्रदेश का विस्तृत भू-भाग रहा है, जब कि मुगल शैली बड़े-बड़े नगरों, विशेष रूप से दिल्ली, आगरा, लखनऊ और लाहौर तक ही सीमित रही।
७. राजपूत शैली के चित्र आकार में कुछ बड़े होते हैं। वे दीवारों तथा कागज, दोनों पर अंकित हुए मिलते हैं। किन्तु मुगल चित्र दीवारों पर अंकित हुए नहीं मिलते या बहुत कम मिलते हैं।

एकता के आधार

मुगल-राजपूत शैलियों में जहाँ अनेक दृष्टियों से भिन्नता दिखायी देती है, वहाँ अनेक बातों में परस्पर एकता भी है।

१. इस प्रकार के चित्रों में रेखांकन और शिल्पविधियाँ पुरानी राजपूत शैली की हैं। उनकी रंगयोजना, आभूषणों, पोशाकों आदि में मुगल शैली की बारीकियाँ विद्यमान हैं।
२. राजपूत शैली के चित्रों में मुगल शैली के चित्रों में निहित छाया और प्रकाश के प्रभाव को ग्रहण किया गया है। इसी प्रकार मुगल शैली के चित्रों में राजपूत शैली के चित्रों की यथार्थवादिता को ग्रहण करने में बड़ी उत्सुकता दिखायी गयी है।
३. मुगल और राजपूत शैली के चित्रों में परस्पर आदान-प्रदान की भावना का आरम्भ बीकानेर के राजा अनूपसिंह (१६७४-१६९८ ई०) के समय में ही होने लगा था। इस आदान-प्रदान के फलस्वरूप केशवदास की 'रसिकप्रिया' पर एक श्रेष्ठ चित्रमाला का भी निर्माण हुआ।

४. मुगल शैली के चित्रकारों ने राजपूत शैली के चित्रों से लोक-जीवन की सुन्दरताओं को और राजपूत शैली के चित्रकारों ने मुगल शैली के चित्रों से हाशियों की सजावट एवं सुलेखन को रीतियों को ग्रहण करने में पर्याप्त दिलचस्पी ली ।

राजपूत और मुगल शैलियों में आदान-प्रदान

भारत में मुगल शासन के कायम हो जाने के साथ-साथ भारतीय कला और संस्कृति के क्षेत्र में भी महान् परिवर्तन हुआ । इस परिवर्तित परिस्थिति को आत्मसात् करने अथवा उसमें स्वयं को खपा देने की गंभीर समस्या भारतीय कवियों, कलाकारों और ज्ञानजीवियों के समक्ष उपस्थित हुई । विधर्मी शासन के इस प्रकार, दुर्दिन की भाँति, विपत्तियों के बादल अपने ऊपर मँडराते जान भारतीय राजवंशों के सारे सुख-वैभव फीके पड़ गये । कला और साहित्य के लिए उनमें जो उत्साह और अभिरुचि थी वह क्षीण होती गयी । उसके फलस्वरूप कवियों के आश्रय छूटने लगे, कलाकारों की आशा-अभिलाषाएँ मन्द पड़ने लगीं । उल्लासमय भारतीय जन-जीवन में उदासी छा गयी ।

दूरदर्शी मुगल शाहंशाह बाबर सारी परिस्थिति को समय रहते ही भाँप गया । उसको भली-भाँति विदित था कि बड़े-बड़े साम्राज्यों को जीतने की अपेक्षा जनता के मन को जीतना कहीं दुष्कर है । इसलिए उसने सबसे पहला कार्य किया जनता की धार्मिक स्वतन्त्रता के लिए । उसने अपनी उदार नीति से हिन्दुओं के भयभीत एवं आशंकित मनों से इस बात को दूर कर दिया कि वे किसी भी धार्मिक एवं परम्परागत विषय में पहले की तरह स्वतन्त्र हैं । उसने इस बात की कड़ाई से व्यवस्था कर दी कि सल्तनत की ओर से हिन्दू जनता के प्रति किसी भी प्रकार का अन्याय-अत्याचार न होने पावे ।

इधर कवियों और कलाकारों को दरबार में सादर आमंत्रित किया जाने लगा । यद्यपि दरबार में तब भी कलाकारों की कमी नहीं थी; किन्तु वे सब ईरानी शैली के ही चितेरे थे । मुगल बादशाह भारतीय कला की खूबियों पर अनुरक्त थे । इसलिए वे दरबार में अधिक-से-अधिक हिन्दू चित्रकारों को प्रश्रय देना चाहते थे । इसके परिणामस्वरूप धीरे-धीरे दरबार में हिन्दू चित्रकारों का प्रवेश होने लगा और दरबार के विशाल कक्ष तथा कला-निकेतन हिन्दू चित्रकारों की कृतियों से सुशोभित होने लगे । इधर ईरानी कलाकारों के संसर्ग से हिन्दू कलाकारों की कृतियों में भी सुन्दर नक्काशी, सुघर अन्तराल और सूक्ष्म रेखाओं का प्रभाव स्पष्ट होने लगा । इस मेल-जोल से मुगल शैली के विकास-विस्तार के लिए नयी भूमिका का निर्माण हुआ ।

मुगल शैलो के इस नये भाव-विधान और रूप-परिकल्पना का प्रभाव राजपूत शैली के चितेरों पर भी लक्षित हुआ, जिसके फलस्वरूप राजस्थान, गुजरात, ब्रज और बुन्देलखण्ड में व्याप्त राजपूत शैली को नये संजीवनी तत्व मिले । इस समय के बने, रागमाला के चित्रों में इस स्थिति को विशेष रूप से पहचाना जा सकता है ।

उधर मुगल दरबार में भी राजपूत शैली के चित्रकारों का अबाध प्रवेश होने लगा । शाहंशाह अकबर के आश्रय में निर्मित 'रज्मनामा' के चित्रों में राजपूत शैली की प्रायः सभी विधाएँ दर्शित हैं । इसके अतिरिक्त मुगलकालीन चित्रों में अँगरखियों के झूलते हुए पल्लों तथा उष्णीष की बनावट में राजपूत वेश-भूषा ही नहीं, राजपूत कलम भी प्रकट होती है । मुगल शैली के जिन चित्रों में हस्त-मुद्राओं द्वारा भाव-प्रदर्शन का अंश है, उन पर राजपूत शैली का रिक्थ है ।

इस प्रकार मुगलकाल में भारत को जो महान् चित्रथाती उपलब्ध हुई वह राजपूत और मुगल शैली के कलाकारों की संयुक्त देन थी। कला के क्षेत्र में परस्पर आदान-प्रदान और सहयोग-सद्भावना का जो वातावरण इस युग में तैयार हुआ वह अपूर्व था और उसका सम्पूर्ण श्रेय कलानुरागी मुगल शाहंशाहों को दिया जाना चाहिए।

मुगल शैली का ऐतिहासिक महत्व

भारतीय चित्रकला के इतिहास में मुगल शैली का कई दृष्टियों से महत्त्वपूर्ण स्थान है। उसके कारण नयी अंकन-विधियों, साज-सज्जाओं और नये भाव-विधानों का समावेश होकर भारतीय चित्रकला का सर्वाङ्गीण विकास हुआ। इसके अतिरिक्त देश के सामाजिक, सांस्कृतिक और धार्मिक अभ्युन्नति की दिशा में भी सन्तोषजनक कार्य हुआ। कलाप्रेमी मुगल शाहंशाहों ने भारत की पुरातन कलाथाती की सुरक्षा की, भारतीय साहित्य की लोकप्रिय कृतियों का अनुवाद और उनके दृष्टान्त-चित्र बनवाये। मुगलों की यह स्थायी देन भारतीय इतिहास के लिए चिरस्मरणीय है।

मुगल शैली की ठोस एवं सर्वाङ्गीण पृष्ठभूमि पर राजपूत शैली के संविधानों को लेकर पहाड़ी शैली और उसकी विभिन्न उपशाखाओं के उदय के कारण भारतीय चित्रकला के इतिहास में सर्वथा नया अध्याय जुड़ा। पहाड़ी शैली को जीवनी तत्व राजपूत शैली से मिले; किन्तु मुगल शैली के भाव-विधानों को ग्रहण कर उसने अपनी लोकप्रियता को बढ़ाया। वास्तविकता यह है कि पहाड़ी शैली के निर्माण तथा उत्थान में मुगल दरबारों से निराश्रित कलाकारों का ही एकमात्र योगदान रहा है।

ऐतिहासिक दृष्टि से विचार किया जाय तो विदित होता है कि मुगल शैली में मुगल सल्तनत का प्रामाणिक इतिहास सुरक्षित है। शाहंशाह बाबर से लेकर औरंगजेब के समय तक भारत के सांस्कृतिक, सामाजिक, साहित्यिक और राजनीतिक उथल-पुथल का वास्तविक स्वरूप तत्कालीन मुगल शैली के चित्रों में विद्यमान है। निष्कर्ष यह है कि मुगलकालीन भारत की तथ्यात्मक एवं प्रामाणिक जानकारी के लिए मुगल शैली का महत्त्वपूर्ण स्थान है।

इस दृष्टि से कदाचित् यह भी संभव जान पड़ता है कि अपने शासन की सामाजिक तथा सांस्कृतिक प्रतिष्ठा एवं लोकप्रियता के लिए मुगल शाहंशाहों ने कला को एक महत्वपूर्ण माध्यम के रूप में स्वीकार किया। तत्कालीन इतिहास से ज्ञात होता है कि मुगल शाहंशाहों द्वारा कला का जितना भी सम्मान एवं संरक्षण होता गया, उनके शासन को उतनी ही अधिक सामाजिक स्वीकृति एवं लोकप्रियता प्राप्त होती गयी। इसके विपरीत कला के प्रति जितनी ही उदासीनता बरती गयी एवं उसकी उपेक्षा की गयी, शासन के लिए प्रजाप्रेम में उतनी ही शिथिलता तथा हीनता की स्थिति व्याप्त होने लगी। वस्तुतः यही कारण था कि बाबर, अकबर, जहाँगीर और शाहजहाँ जैसे दूरदर्शी बादशाहों ने कला का हृदय से सम्मान किया और देश के कलाकारों को राजकीय संरक्षण देकर कला के सर्वाङ्गीण विकास-विस्तार में अपना सक्रिय योगदान किया। मुगल शाहंशाहों की इस अभिरुचि के कारण मुगल शैली अपने चरम उत्कर्ष को प्राप्त हुई और भारतीय चित्रकला के इतिहास में उसके द्वारा सर्वथा नये युग की प्रतिष्ठा हुई। इस प्रकार मुगल शैली का अनेक दृष्टियों से अपना ऐतिहासिक महत्त्व है।

८

मध्य युग

१७०० से १९०० ई० तक

[illegible] वर्ष में छोड़ा और वहाँ की [illegible] रियासत [illegible]
[illegible] १७५४ ई० को और मृत्यु १८२१ ई० को हुई।

[illegible] १७५० ई० से होता है। इस शैली का जन्म कांगड़ा में [illegible] जबकि पहले [illegible] से चित्रकला का कोई स्कूल नहीं था। [illegible] (१७४४-१८२४ ई०) होते ही समीप की रियासतों से [illegible] कलाकारों ने [illegible] आश्रय पाकर शास्त्रीय चित्रकला [illegible] कांगड़ा कलम का जन्म उन्हीं से हुआ। कांगड़ा [illegible] आध्यात्मिक वातावरण भी रहा। इस संबंध में यह कहना [illegible] कांगड़ा में हुआ, उसका श्रेय वहाँ की पर्वतीय [illegible] ही जाता है। [illegible] कांगड़ा की चित्रकला पहाड़ों में ही उग सकती थी।

[illegible] में राजपूत शैली ही प्रमुख रही है। [illegible] और उसकी धार्मिक पृष्ठभूमि में राजपूत चित्रशैली का [illegible] कांगड़ा कलम में [illegible] राजपूत शैली के [illegible]

[illegible] कांगड़ा [illegible] चित्रकार [illegible] और [illegible] चित्रकार [illegible] जिन्होंने कांगड़ा कलम को [illegible] रियासत [illegible]

[illegible]

[illegible] कलाकार [illegible]

[illegible] विषय की [illegible] परिस्थितियों [illegible]

पहाड़ी शैलियाँ

भारत-भूमि में महान् मुगलों का अस्तित्व विलुप्त हो जाने के बाद हिन्दू कला ने अपनी सभ्यता और संस्कृति के भूले वैभव को पुनः दुहराया। मुगल दरबार से निराश्रित हिन्दू चित्रकारों ने प्रान्तीय रजवाड़ों का आश्रय लेकर जिस नयी चित्रशैली को जन्म दिया उससे भारतीय चित्रकला की विच्छिन्न परम्परा पुनः एकसूत्र में ग्रथित हुई।

१८वीं शती ई० के अन्त और १९वीं शती ई० के आदि में भारतीय चित्रकला की अनेक शाखाएं प्रकाश में आयीं। इस युग की प्रमुख चित्रशैलियों का उद्गम-स्थान जयपुर, काँगड़ा, गढ़वाल, नाहन, मंडी, बसौली, ओड़छा, दतिया, जोधपुर, उदयपुर, गुजरात, महाराष्ट्र और हैदराबाद रहा है।

पंजाब की पहाड़ी रियासतों में राजपूत शैली अपनी नयी दृष्टि और अपने नये रूप में प्रकट हुई। उसके इस नये रूप को 'पहाड़ी कलम' के नाम से कहा जाता है। पहाड़ी शैली का विकास-विस्तार अनेक शाखाओं में हुआ, जिनमें काँगड़ा शैली प्रमुख है। काँगड़ा शैली का आरंभ भित्ति-चित्रों से हुआ और उनके आधार पर अन्य चित्र बने। उसका प्रभाव लाहौर, अमृतसर से लेकर हिमालय के विस्तृत अंचल पर लक्षित हुआ। हिमालय के विभिन्न पहाड़ी प्रदेशों में पहाड़ी शैली का लगभग एक साथ ही विकास हुआ और लगभग एक ही साथ ह्रास भी हुआ। इस पहाड़ी शैली की विभिन्न शाखाओं का परिचय काँगड़ा शैली से आरंभ किया जाता है।

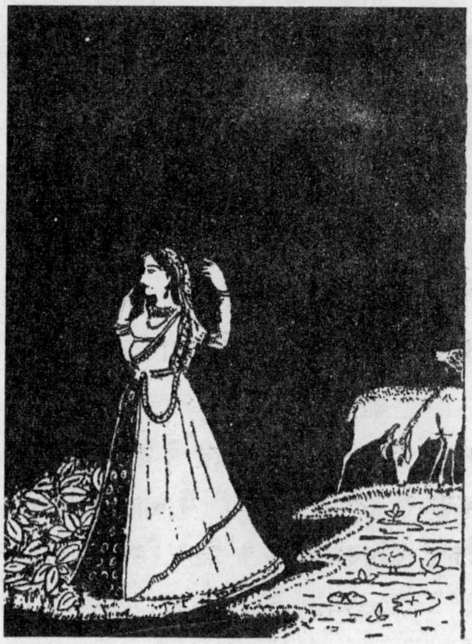

उत्का नायिका

पहाड़ी शैली, १७वीं-१८वीं शती ई०

काँगड़ा शैली

पश्चिमी हिमालय के लगभग २०-२२ रियासतों में काँगड़ा का नाम मुख्य रहा है। उसके उत्थान-पतन की कहानी लम्बी है। वहाँ के सामाजिक जीवन में जब शासन-व्यवस्था का आरंभ हुआ उस प्राचीन युग में वहाँ अनेक ठकुरातियाँ थीं, जो कई सामन्तों, राणाओं और ठाकुरों में बँटी हुई थीं। काँगड़ा के प्राचीन राजवंशों में कटोच राजवंश का नाम प्रमुख है। काँगड़ा उसका मूल-स्थान था; लेकिन कई रियासतों में उसने अपने शासन का विस्तार किया।

इस कटोच राजवंश में अनेक प्रभावशाली राजा हुए। उनमें महाराज संसारचंद का नाम

अमर है । महाराज संसारचंद ने काँगड़ा और वहाँ की अन्य रियासतों पर लगभग २० वर्षों तक शासन किया । उनका जन्म १७६५ ई० को और मृत्यु १८२३ ई० को हुई ।

काँगड़ा शैली से हमारा परिचय लगभग १७८० ई० से होता है । इस शैली का जन्म काँगड़ा में ऐसी स्थिति में हुआ, जबकि वहाँ प्रान्त भर में चित्रकला का कोई स्कूल नहीं था । गुणग्राही एवं कलाप्रेमी राजा घमंडचंद के शासक (१७५१-१७७४ ई०) होते ही समीप की रियासतों से नौकरी की खोज में आये उच्च कोटि के कलाकारों ने काँगड़ा दरबार का आश्रय पाकर भारतीय चित्रकला के क्षेत्र में जिस नयी विधाओं को उजागर किया, काँगड़ा कलम का जन्म उन्हीं से हुआ । काँगड़ा कलम की उत्पत्ति में एक कारण वहाँ का प्राकृतिक वातावरण भी रहा । इस संबंध में यह कहना अनुचित न होगा कि जिस भव्य कला का जन्म काँगड़ा में हुआ, उसका श्रेय वहाँ की पर्वतीय सुषमा को ही प्राप्त है । वास्तव में काँगड़ा की चित्रकला पहाड़ों में ही उग सकती थी ।

काँगड़ा और समस्त पहाड़ी शैलियों के जन्म के मूल में राजपूत शैली ही प्रमुख रही है । काँगड़ा शैली में नारी-जीवन की अभिव्यक्ति और उसकी धार्मिक पृष्ठभूमि में राजपूत चित्रशैली का रिक्थ विद्यमान रहा है । काँगड़ा कलम में उच्च आदर्शवादिता का समावेश भी राजपूत शैली के प्रभाव से ही हुआ है ।

राजा घमंडचंद के समय काँगड़ा में जो चित्रकार आये थे उनमें गुलेर और बसौली के चित्रकारों की संख्या अधिक थी । वे सभी कलाकार, जिन्होंने काँगड़ा कलम को जीवनी तत्त्व प्रदान किये, गुलेर की छोटी-सी रियासत से सम्बन्धित थे । इसके साथ ही बसौली रियासत से आये कलाकारों ने काँगड़ा की स्थानीय शैली को लोकप्रिय तत्त्व दिये और उसको अन्यत्र भी फैलाया ।

काँगड़ा शैली के चित्रों का आधार भित्तिचित्र रहे हैं । जो लोग काँगड़ा शैली को मुगल शैली पर आधारित मानते हैं वे भ्रम में हैं । काँगड़ा शैली नितांत निजी है और उसका संबंध प्राचीन कला से रहा है । संक्षेप में कहा जाय तो कहना चाहिए कि मुगल चित्र लघुचित्रों के बड़े रूप हैं, किन्तु काँगड़ा शैली के चित्र भित्तिचित्रों के छोटे रूप हैं ।

पश्चिमी हिमालय के पहाड़ी राज्यों में बसौली और काँगड़ा ही दो ऐसे राज्य थे, जिनमें चित्रकला ने अपना पर्याप्त विकास किया । बाद में चम्बा, सुकेत, मंडी और कुल्लू आदि छोटे-छोटे राज्यों में उसका प्रसार हुआ । इन पश्चिमी इलाकों में काँगड़ा शैली की ही प्रमुखता रही है ।

काँगड़ा और गुलेर शैली

कुछ विद्वानों ने काँगड़ा और गुलेर की दो विभिन्न चित्र-शैलियों का उल्लेख किया है; किन्तु काँगड़ा और गुलेर की दो शैलियाँ नहीं है । वे दो राज्य थे भी नहीं । वस्तुतः काँगड़ा की प्रतिष्ठित चित्र-शैली के जन्मदाता गुलेर के ही कलाकार थे । पश्चिमी हिमालय के पहाड़ी राज्यों की चित्र-शैलियों का प्रमुख केन्द्र गुलेर ही था । यहाँ तक कि बसौली के अनेक कलाकार भी गुलेर चले आये थे । काँगड़ा शैली के चित्रों में बसौली शैली का जो प्रभाव दिखायी देता है, उसका कारण भी यही था कि बाद में वे ही चित्रकार काँगड़ा आये । इस प्रकार बसौली, गुलेर और काँगड़ा के चितेरों ने जिन कला-कृतियों का निर्माण किया, वे काँगड़ा शैली के नाम से ही अभिहित हुई ।

काँगड़ा शैली के जो चित्र गुलेर के कलाकारों ने बनाये उनकी विशेषताएँ अलग से दिखायी देती हैं । उदाहरण के लिए गुलेर चित्रकारों ने वर्ण्य विषय की विशेष परिस्थितियों को सदा ध्यान

में रखा। मुद्राओं के अंकन और अनुराग की अभिव्यक्ति पर उन्होंने विशेष बल दिया है। गुलेर के चित्रकारों द्वारा व्यक्तिचित्रों की स्पष्टता, रेखाओं की गतिमत्ता और रंगों का सरलीकरण, सभी के सहयोग से कांगड़ा शैली के चित्रों में एक भव्य प्राकृतिक भाव दर्शित है।

इसी प्रकार कांगड़ा शैली के जिन चित्रों का निर्माण बसोली के कलाकारों के द्वारा हुआ उनकी भावभूमि में शांत वातावरण निहित है। उनके दर्शित कलापूर्ण यत्न प्रशंसनीय हैं। उनकी चौरस पृष्ठभूमि या तो लाल रंगों से या तो लाल, नीले और सफेद रंगों के मेल से निर्मित है।

काँगड़ा शैली के चित्रों की विशेषताएँ

काँगड़ा शैली के समस्त उपलब्ध चित्रों को दो भागों में विभक्त किया जा सकता है : १. पौराणिक कथाओं के चित्र और २. व्यक्तिचित्र।

उनमें अधिकता पौराणिक कथाओं तथा रीतिकालीन नायक-नायिकाओं के चित्रों की है। व्यक्तिचित्रों का भी उनमें महत्त्वपूर्ण स्थान है। ये व्यक्तिचित्र अधिक सजीव और प्रभावशाली हैं। उनके द्वारा आन्तरिक भाव अधिक स्पष्टता से उभरे हैं। काँगड़ा शैली के चित्रों की विशेषताओं को मोटे तौर पर इस प्रकार से गिनाया जा सकता है :

१. काँगड़ा शैली के चित्रों में सर्वाधिक प्रभावशाली आकृतियाँ स्त्रियों की हैं। इस प्रकार के चित्र अधिक वायवी एवं कृशकाय हैं। आँखें धनुषाकार हैं। उँगलियों में लय तथा नजाकत है। रंगों और तूलिका में कहीं भी बेतुकापन या भड़कीलापन नहीं है।
२. काँगड़ा के चित्रकारों ने स्त्रियों के चित्रों को बनाते समय भारतीय परम्परा का ध्यान रखा है। उनके आदर्श और मर्यादित रूप पर विशेष ध्यान दिया गया है। शरीर पर ऊँचे कुल को बताने वाले वस्त्रों की योजना, चाँद-सी गोल मुखाकृति, बड़ी-बड़ी भावप्रवण आँखें, भरी हुई छातियाँ, लयमान उँगलियाँ और मुख में रहस्य के भाव छिपाये—ये सभी काँगड़ा शैली के सभी स्त्री-चित्रों में देखने को मिलती हैं।
३. काँगड़ा शैली की अनुपम विशेषता उसकी रेखाओं में है। ये रेखाएं दर्शक के हृदय में अपना स्थायी प्रभाव अंकित करती हैं। यही बात उसकी तूलिका में भी है।
४. इस शैली के चित्रों में गहरी काव्यात्मकता समन्वित है। इस काव्यात्मकता के कारण ये चित्र दर्शक के मन में संगीत और नृत्य का आनन्द जगाते हैं।
५. काँगड़ा शैली के चित्रों की कथावस्तु पौराणिक, धार्मिक और मानवीय, तीनों प्रकार की है। किन्तु उनमें मानवीय अनुभूतियों की गहराई और मानवीय संबंधों का अंकन अधिक है। यही कारण है कि उनमें सहजता और सरलता है। उनके आध्यात्मिक, पौराणिक और धार्मिक भाव सर्वथा लोकजीवन की पृष्ठभूमि पर आधारित हैं। उनकी लोकप्रियता का यही कारण है।
६. काँगड़ा शैली की उत्कर्षता का कारण वहाँ का भव्य प्राकृतिक वातावरण रहा है। वहाँ के गिरि-निर्झर, रंग-बिरंगे फूल, पक्षियों से गुंजायमान घाटियाँ, पृथ्वी और आकाश को मिला देने वाली मेघ-मालाएँ, आसमान में उड़ती हुई बक-पंक्तियाँ, घने-बीहड़ पहाड़, घने जंगल, जंगलों में रहने वाले हाथी, शेर और शुक-सारस आदि के लुभावने दृश्यों के चित्रण में इस शैली का अत्यन्त मनोहारी रूप प्रकट हुआ है।

७. प्रसिद्ध कला-समीक्षक श्री जे० सी० फ्रैंक ने लिखा है कि "काँगड़ा के चित्रों की कृतियों में उषा और इन्द्रधनुषी रंगों का सुन्दर प्रदर्शन हुआ है। उनके द्वारा अंकित पुरुषों की मुखाकृतियों से अपरिमित वीरता और स्त्रियों की मुखाकृतियों से अद्वितीय सौंदर्य, शालीनता और संयम टपकता है। इन्हें देखकर लगता है किसी जादू के संसार में जा पहुँचे।"

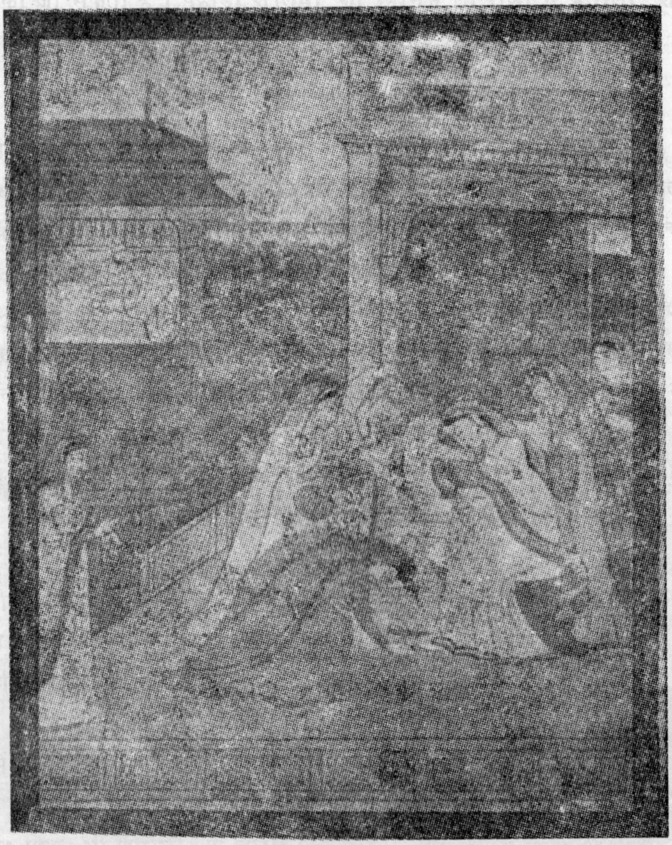

मानिनी नायिका

काँगड़ा शैली, १८वीं शती ई०

८. इसी प्रकार दूसरे कला-समीक्षक विद्वान् श्री लारेंस विनियन ने यूनान और जापान के सर्वोच्च चित्रों के साथ काँगड़ा शैली के चित्रों की तुलना करते हुए लिखा है कि "यूनान के कलश-चित्रों और जापान के डिजाइन-चित्रों में भले ही अद्भुत आकर्षक, समृद्ध कल्पनाएँ, ओजस्विता और रूप-वैचित्र्य हो; किन्तु काँगड़ा शैली के चित्रों में जो स्वातंत्र्य, गति और मोहकता है वह अन्यत्र नहीं दिखायी देती।"

बसौली शैली

आजकल बसौली, जम्मू राज्य के कथुवा या कठुवा नामक जिले के अन्तर्गत है। इस समय उसकी स्थिति एक साधारण गाँव के रूप में है। अब उसका न तो पहला जैसा गौरव रहा और न

पहले जैसी हामी। किन्तु आज भी उसके भग्नप्राय खण्डहरों में उसके समृद्ध अतीत का गौरव बोल रहा है।

प्राचीन काल में बसोलो की राजधानी बालोर या बल्लपुर में थी। बल्लपुर, बसोली से १२ मील पश्चिम में है। ८वीं शती ई० से लेकर ११वीं शती ई० तक बल्लपुर स्वतंत्र रियासत के रूप में बनी रही।

बसोली के नाम से जिस चित्रशैली का इतिहास में उल्लेख मिलता है उसके निर्माण में काँगड़ा तथा चम्बा आदि की चित्रशैलियों का महत्त्वपूर्ण योग रहा। किन्तु इस संबंध में यह जान लेना आवश्यक है कि यद्यपि बसोली शैली का संबंध काँगड़ा शैली से रहा है; फिर भी उन्हें एक नाम से कहना उचित नहीं। बसोली शैली, काँगड़ा शैली से मूलतः एक होने पर भी दोनों के विकास की स्थितियाँ भिन्न-भिन्न हैं। बसोली शैली की कुछ समानता राजपूत शैली से है; किन्तु वे दोनों एक नहीं हैं। काँगड़ा शैली की अपेक्षा बसोली शैली में अधिक रंगीन चित्र बने। किन्तु जहाँ तक डिजाइन और ड्राइंग का संबंध है, दोनों शैलियों के चित्रों का अन्तर स्पष्ट झलकता है।

बसोली शैली का काश्मीर शैली से भी संबंध रहा है। बसोली शैली से ही क्यों, पंजाब के पहाड़ी प्रदेशों की सभी स्थानीय शैलियों के मूल में काश्मीर शैली का रिक्थ रहा है। बसोली के चित्रों में प्रयुक्त लाल या सिन्दूरी रंग और पुरुषोचित ओजभरी स्त्री-चित्रों की अंकन-विधि को काश्मीर शैली के चित्रों से ही लिया गया। बसोली शैली के चित्रों में पुरुष-छवियों में धोती तथा चादर का प्रयोग और उनके सुनहरे शरीर पर विभिन्न अलंकारों का चित्रण—काश्मीर शैली के चित्रों का प्रभाव है।

पंजाब में काँगड़ा या पहाड़ी कलम के जो चित्र मिले हैं उनसे यह स्पष्ट हो गया है कि जम्मू की कोई चित्रशैली नहीं थी। बल्कि वह बसोली की ही शैली थी। इसलिए पंजाब में काश्मीरी, जम्मू तथा राजपूत शैली के नाम से कहे जाने वाले चित्र श्री अजित घोष तथा श्री नानालाल चमनलाल मेहता के कथनानुसार बसोली शैली के ही हैं।

आज जिन्हें कुछ लोग कुल्लू के भित्तिचित्र कहते हैं, वस्तुतः वे बसोली शैली के ही हैं। कुल्लू की कोई स्वतंत्र शैली नहीं थी। बसोली, जम्मू रियासत का ही एक अंग था। इसीलिए यह भ्रांति हुई।

भारतीय चित्रकला की प्रायः सभी प्रधान प्रवृत्तियाँ बसोली शैली से मिलती-जुलती हैं। राजपूत और मुगल शैली के चित्रों में रागमाला के चित्रों की भरमार है। लेकिन बसोली शैली की समकालीन काँगड़ा, गढ़वाल और मंडी आदि की शैलियों में रागमाला के चित्रों के प्रति उदासीनता दिखायी देती है। किन्तु इसके विपरीत बसोली शैली के चित्रकारों ने रागमाला के ढेरों चित्र बनाये। उन्होंने 'रामायण', 'महाभारत' आदि पुस्तकों के भी सुन्दर दृष्टान्त-चित्र तैयार किये। इन चित्र-विभूषित पुस्तकों में उन्होंने जिस सुलिपि का प्रयोग किया वह भी कम आकर्षक नहीं है।

बसोली चित्रशैली के कुछ चित्र ऐसे भी मिले हैं, जिनको तिब्बती या नेपाली कहा गया है। उन पर मुगल शैली के संविधानों की छाप बतायी गयी है। पंजाब, विशेष रूप से अमृतसर, के वे व्यापारी, जो पुराने चित्रों का क्रय-विक्रय करते थे, उन्होंने ही इन चित्रों को तिब्बती या नेपाली कहा। किन्तु वास्तव में वे उनसे भिन्न और अपने स्वतंत्र अस्तित्व को प्रकट करते हैं।

बसोली शैली के चित्रों के संबंध में श्री नानालाल चमनलाल मेहता का कथन है कि बुन्देलखण्ड के चित्रकारों की तरह बसोली के चित्रकारों को भी नीले, पीले, लाल और सादे रंगों से विशेष अनुराग था। इस शैली के चित्रों में कोमलता उतनी नहीं, जितना तेज है। इनमें बाह्याडम्बर तथा बाह्य लावण्य के लिए कम रुझान दिखायी देता है। इस दिशा में इनकी समानता पुराने गुर्जर चित्रों से की जा सकती है। पहाड़ी शैलियों की विभिन्न शाखाओं में बसोली शैली के चित्रों की अपनी अलग विशेषता और अलग महत्त्व है।

बसोली शैली की चित्रण-विधियाँ

१. बसोली शैली के संविधान की विशेषता उसके चक्षु-चित्रण में है। यद्यपि जैन, राजपूत और मुगल शैलियों के चित्रों में भी चक्षु-चित्रण बहुत ही आकर्षक है; किन्तु बसोली चित्रशैली के चित्रों में इसको प्रमुख स्थान दिया गया है। बसोली शैली में सम्पूर्ण चित्रों का केन्द्र-बिन्दु उसके पद्माकर कर्णस्पर्शी और रसभावपूरित नयनों में है। श्वेत, श्याम और रतनार, इन अमृत निस्यन्द हलाहल से पूर्ण मदभरे नयनों को देखते ही कोई भी कलारसिक बरबस उन पर रीझ जाता है। इसलिए बसोली कलम को पहचानने के लिए यह प्रथम माध्यम है।

२. चक्षु-चित्रण के बाद बसोली के चित्रों की दूसरी महनीय विशेषता है उसकी मुद्राएँ। हस्त-मुद्राओं का यह कौशल भारतीय चित्रकला में सर्वप्रथम अजन्ता के चित्रों में देखने को मिलना है। बसोली के चित्रकारों ने अजन्ता से ही प्रभावित होकर इन हस्तमुद्राओं का सफल चित्रण किया है। ये हस्त-मुद्राएं बसोली के चित्रों में भावाभिव्यंजन का सफल माध्यम रही है।

३. बसोली के चित्रों में नाक, कान, मुँह, कपोल, ललाट, वस्त्रसज्जा, शरीरगठन और वर्ण-योजना आदि का भी समुचित अंकन किया है।

४. बसोली के चित्रों में रंग-विधान और सज्जा सर्वथा अपने ढंग की है। झीने वस्त्रों की ओट में पारदर्शक अंगों को दिखाने का सभी पहाड़ी शैलियों के चित्रकारों का उद्योग रहा है; फिर भी बसोली के कलाकारों का उस ओर विशेष ध्यान रहा। उनमें गहरा, पीला, हलका हरा, लाल और चाकलेटी रंगों से पृष्ठभूमि का मनोहर निर्माण किया गया है।

इस प्रकार बसोली शैली अपने युग की प्रभावशाली एवं अत्यन्त लोकप्रिय शैली रही है। संपूर्ण पंजाब प्रदेश और गढ़वाल तथा तिब्बत, नेपाल तक उसका प्रचार रहा। उसकी सुलिपि, उसका रंग-विधान सभी में अपूर्वता है। उसके भित्तिचित्रों में भारतीय संस्कृति और धार्मिक मान्यताओं का बड़ी निष्ठा से निर्वाह किया गया।

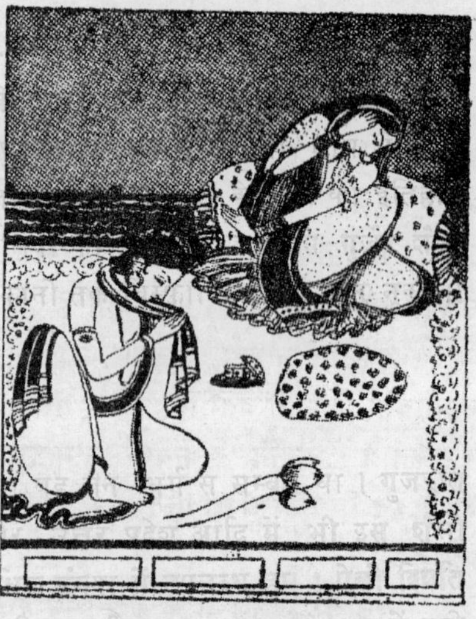

मानिनी नायिका
पहाड़ी शैली, १७वीं शती ई०

गढ़वाल शैली

भारतीय चित्रकला की पहाड़ी शैलियों में गढ़वाल चित्रशैली का भी प्रमुख स्थान है। हिमालय की उपत्यकाओं के निकट अवस्थित गढ़वाल की शासन-परम्परा का प्रामाणिक इतिहास कत्यूरी और परमार राजवंशों के समय ९वीं शती ई० के मध्य भाग से आरंभ होता है। गढ़वाल के इतिहास में इस परमारवंश का नाम, अपने अच्छे कार्यों के कारण प्रसिद्ध है।

गढ़वाल की लम्बी शासन-परम्परा में जिन राजाओं ने चित्रकला का विशेष सम्मान किया और उसकी अभिवृद्धि में अपना योग दिया उनमें महाराज प्रदीपशाह (१७१७-१७७२ ई०), महाराज ललितशाह (१७७२-१७८० ई०), महाराज जयकृतशाह (१७८०-१७८५ ई०), महाराज प्रद्युम्नशाह (१७८५-१८०४ ई०) और महाराज सुदर्शनशाह (१८१५-१८५९ ई०) के नाम उल्लेखनीय हैं।

इस दुर्गम पर्वतीय अंचल गढ़वाल में चित्रकला का प्रवेश आकस्मिक रूप में हुआ। १६५८ ई० में मुगल शाहजादा सुलेमान शिकोह अपने चाचा शाहंशाह औरंगजेब के यहाँ से भागकर गढ़वाल पहुँचा। उसके साथ मुगल शैली के दो चित्रकार भी गढ़वाल गये। उनके नाम थे शामदास और हरदास। यह शामदास शाहंशाह शाहजहाँ के दरबारी एवं मुगल शैली के प्रसिद्ध चित्रकार बिशनदास का पुत्र था। ये दोनों पिता-पुत्र थे। शाहजादा तो कुछ दिनों बाद दिल्ली लौट आया। किन्तु उन दोनों कलाकारों को वह गढ़वाल ही में छोड़ आया। ये कलाकार अच्छे स्वर्णकार और अच्छे चित्रकार थे।

इन दोनों कलाकारों ने वहाँ जो कुछ भी कार्य किया वह उच्चकोटि का नहीं था। शामदास की पाँचवीं पीढ़ी में मोलाराम का जन्म हुआ। उसका स्थितिकाल १७४३-१८३३ ई० है।

मोलाराम का परिचय उपलब्ध न होने के कारण बहुत समय बाद तक इतिहासकार गढ़वाल चित्रशैली से सर्वथा अपरिचित रहे। १८वीं शती ई० के उत्तरार्ध से लेकर १९वीं शती ई० के पूर्वार्ध तक गढ़वाल की धरती पर जो राजनीतिक कुहरा छाया हुआ था, कला, कविता और इतिहास की त्रिवेणी से उसको बहा देने का कार्य किया मोलाराम ने। गढ़वाल चित्रशैली मोलाराम के नाम पर रूढ़ हो गयी है।

गढ़वाल के प्रदीपशाह, ललितशाह, जयकृतशाह और प्रद्युम्नशाह इन चारों नरेशों के राज्यकाल में वर्तमान रह कर मोलाराम ने अपनी कला का सृजन किया और राज्य की ओर से यथेष्ट सम्मान तथा विपुल अर्थ अर्जित किया। अपने अपूर्व कला-गौरव और कौशल के कारण मोलाराम का यश काँगड़ा, सिरमौर, गुलेर और मण्डी के तत्कालीन पहाड़ी शैली के प्रसिद्ध कला-केन्द्रों तक विस्तृत हो गया था।

मोलाराम के दो यशस्वी शिष्य हुए, जिनके नाम थे चैतू और माणकू। ये दोनों चित्रकार महाराज सुदर्शनशाह के समय, जब टिहरी राजधानी बन गयी थी, वहाँ आये।

चित्रकार माणकू काँगड़ा और उसके आस-पास की रियासतों के कलाकेन्द्रों में गया था और उसने वहाँ की चित्रशैलियों तथा वहाँ के चित्रकारों की कला की नयी विधियों से परिचय प्राप्त किया था। उसने भव्य प्रकृति-चित्रों के अतिरिक्त 'बिहारी सतसई' और 'गीतगोविन्द'

के सुन्दर दृष्टान्त-चित्र उतारे। उसकी कलम में सर्वत्र मार्दव और माधुर्य है। माणकू को चित्रकला की शिक्षा देते समय मोलाराम ने 'आँख मिचौनी' का जो रेखाचित्र बनाया था, आज भी वह श्रीनगर (गढ़वाल) में सुरक्षित है। मोलाराम के हाथ का बना दूसरा रेखाचित्र अहमदाबाद के प्रसिद्ध कलाप्रेमी विद्वान् श्री कस्तूरभाई लालभाई के संग्रह में है, बताया गया है। यह रेखाचित्र पहले आचार्य गगनेन्द्रनाथ ठाकुर के संग्रह में था।

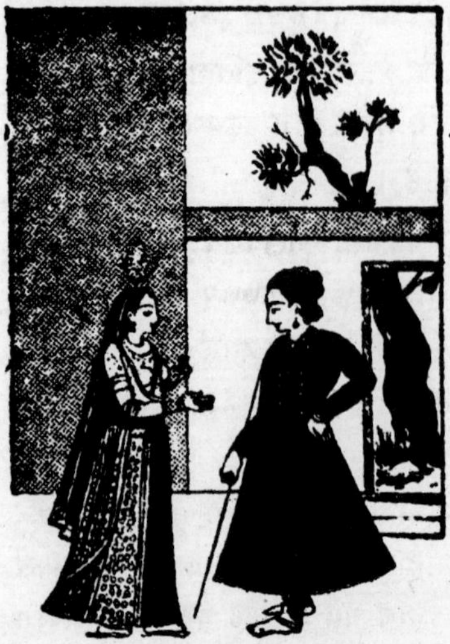

खण्डिता नायिका
पहाड़ी शैली, १९वीं शती ई०

चित्रकार चैतू साह का नाम गढ़वाल के अग्रणी चित्रकारों में है। उसकी कलम में चित्रकार के सभी अच्छे गुण विद्यमान हैं। उसने भक्ति, प्रेम और श्रृङ्गार आदि कई विषयों पर चित्र बनाये। श्रीकृष्ण की लीलाओं से सम्बद्ध उसके बनाये हुए चित्रों में कविता और कला का एक साथ दर्शन होता है। उसकी कलम का कौशल ब्रज-जीवन की लोकप्रिय झाँकियों को रूपायित करने में देखा जा सकता है।

गढ़वाल शैली के चित्र

गढ़वाल शैली के उपलब्ध सम्पूर्ण चित्रों को दो भागों में विभक्त किया जा सकता है। पहले भाग में बीस उत्कृष्ट चित्र हैं, जिनको संभवतः एक ही चित्रकार ने बनाया। शैली और संविधान की दृष्टि से इस भाग के चित्रों के तीन रूप हैं।

१. पहले स्वरूप की कृतियों में गढ़वाल शैली की आरंभिक स्थितियाँ दर्शित हैं। अपनी गीतात्मक कोमलता के कारण ये चित्र गुलेर कलम से प्रभावित हैं। किन्तु उनमें कुछ नये कला-तत्त्व भी समाविष्ट हैं। 'उनमें रंगों की योजना प्रभावोत्पादक है। इन रंगों में गहरा नीला, लाल और गहरा काला तथा हरा का अधिक प्रयोग किया गया है।

२. पहले वर्ग के दूसरे चित्र वे हैं, जो अपनी विशेष विधाओं के कारण स्वयं ही अपना अलगाव प्रकट करते हैं। ऐसे चित्रों में भूमिचित्र मुख्य है, जिनमें नवीन भावात्मक प्रतिक्रिया के दर्शन होते हैं। पेड़ों की शाखाएँ और फूल-पत्तियों का चित्रण ऐसा ही है। इन चित्रों में प्रकृति की कोमलता का चित्रण उत्कट दृश्यों को अंकित करने या उनको उभारने की दृष्टि से किया गया है।

३. पहले भाग के तीसरे चित्र गीतात्मक भाव के उतार-चढ़ाव की स्थिति को प्रकट करते हैं। इन चित्रों का विश्लेषण करने पर ज्ञात होता है कि उनके निर्माता चित्रकार गढ़वाल की प्राकृतिक सुषमा, विशेष रूप से हिमालय के शिखर-समूहों और घुमावदार भँवर वाली अलकनन्दा नदी के दृश्यों से भली भाँति परिचित एवं प्रभावित था। प्रवहमान घुमावदार रेखाओं के द्वारा वह एक नवीन शैली का विकास कर रहा था।

४. गढ़वाल शैली के दूसरे भाग में सामान्य कलाकारों की कृतियों को रखा गया है। इन चित्रों

को देखकर निश्चित रूप से यह नहीं कहा जा सकता कि गढ़वाल शैली के निर्माण में कितने कलाकारों का सहयोग रहा। फिर भी इतना अनुमान किया जा सकता है कि वे कलाकार लगभग एक दर्जन थे। इस भाग के चित्रों में बहुत-से चित्र बड़े सुन्दर हैं। सुकुमार भावुकता को दर्शाने में बहुत से चित्रकार तो आचार्य श्रेणी के मालूम होते हैं।

५. मोलाराम के हाथ का एक चित्र-संग्रह उपलब्ध है, जो कि १८०० ई० के लगभग का है। इस संग्रह में एक ही शैली के अनेक चित्र हैं। इन सभी चित्रों पर मोलाराम की हस्तलिपि अंकित है। ये चित्र अपनी अपरिपक्वता को ही प्रकट करते हैं। यद्यपि संख्या में ये चित्र अधिक हैं, फिर भी उनमें सर्वत्र भावुकता है और उनसे यह ध्वनित होता है कि अनुकृतियों को उतारने में मोलाराम सिद्धहस्त कलाकार नहीं था।

इस प्रकार पहाड़ी शैलियों के पल्लवन में गढ़वाल शैली का ऐतिहासिक महत्त्व रहा है; और यद्यपि उसके निर्माता चित्रकारों का क्षेत्र सीमित रहा फिर भी १९वीं शती ई० तक के सभी चित्रकारों पर उसका व्यापक प्रभाव बना रहा।

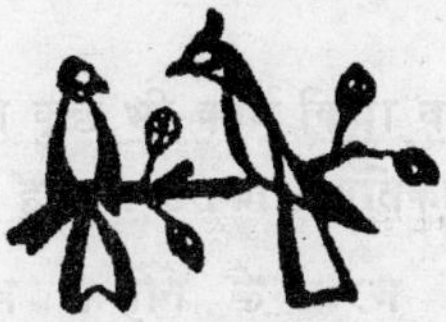

९

आधुनिक युग

२०वीं शतो ई० से अब तक

[illegible] वर्षों से उन कला-प्रवृत्तियों को देखा जा सकता है, जिनका प्रादुर्भाव [illegible] [illegible] स्वाधीनता प्राप्त होने के पूर्व ही यद्यपि चित्रकला के क्षेत्र में [illegible] में भी राष्ट्रीय चेतना का उदय हो चुका था, फिर भी उसका पूर्ण [illegible] [illegible] की अपनी कृतियों में ही स्पष्ट हुआ। [illegible] [illegible] अपनी कृतियों में स्थापित कर चुके थे। नन्दलाल बसु [illegible] [illegible] महात्मा गांधी के प्रभाव से राष्ट्रीय जागरण का आवाहन था। कनु देसाई ने [illegible] [illegible] को अपनी कृतियों के लिए अपनाया। कलकत्ता के सरकारी आर्ट स्कूल [illegible]

[illegible] रवीन्द्रनाथ ठाकुर की कृति

[illegible] कला [illegible] की ओर [illegible] उनकी भूमिका [illegible] कलकत्ता, मद्रास, दिल्ली, लखनऊ, बम्बई और गुजरात [illegible] करते हुए कलाकारों ने व्यापक [illegible]

आधुनिक शैली

भारतीय चित्रकला की आधुनिक शैली का आरंभ लगभग वर्तमान शती की शुरुआत के साथ हुआ। इतने कम समय में आधुनिक चित्रशैली ने जो प्रगति की है उसका श्रेय आधुनिक कलाकारों को है। ये कलाकार विभिन्न वर्गों से सम्बद्ध हैं। आधुनिक चित्रशैली के निर्माण और उत्थान में कलकत्ता, बम्बई और दिल्ली के कलाकेन्द्रों का प्रमुख योग रहा है। इन तीन कला स्कूलों या कलाकेन्द्रों से जो कलाकार निकले उन्होंने आगे चलकर स्वतंत्र शैलियों का निर्माण और नये कला स्कूलों की स्थापना करके आधुनिक चित्रशैली का सर्वांगीण विकास किया।

इन कलाकारों के अतिरिक्त, आधुनिक चित्रशैली के निर्माण में उन कलाकारों के सहयोग का भी कम महत्त्व नहीं है, जिन्होंने किसी भी कला स्कूल का आश्रय न लेकर स्वतंत्र रूप से इस दिशा में महत्त्वपूर्ण कार्य किया। इन कलाकारों को मिलाकर ही आधुनिक चित्रशैली का वास्तविक अध्ययन किया जा सकता है।

इस प्रकार आधुनिक चित्रशैली के निर्माणक कलाकारों के अनेक वर्ग आज अपनी-अपनी विधाओं के अनुसार नयी दिशा और नये शिल्प का सृजन कर रहे हैं। आधुनिक कलाकारों के इन विभिन्न वर्गों का विश्लेषण इस प्रकार किया जा सकता है।

समान्यतः पहले वर्ग के अन्तर्गत उन कला-प्रवृत्तियों को रखा जा सकता है, जिन्हें टैगोर-बन्धुओं ने जन्म दिया और जो 'बंगाल स्कूल' के नाम से प्रसिद्ध हुईं। यद्यपि 'बंगाल स्कूल' की परम्परा से निकले हुए कुछ कलाकारों ने अपना विकास कुछ दूसरी ही दिशा में किया; किन्तु यह निश्चित है कि उनकी कला-संविधानों के मूल में 'बंगाल स्कूल' का स्वत्व विद्यमान था। अवनीन्द्रनाथ ठाकुर, गगनेन्द्रनाथ ठाकुर, नन्दलाल वसु, शैलोज मुखर्जी, धनराज भगत और देवी-प्रसाद रायचोधरी आदि इस परम्परा के पोषक, प्रवर्तक एवं समर्थक आचार्य कहे जा सकते हैं।

दूसरे वर्ग में उन कलाकारों को रखा जा सकता है, जिन्होंने 'बंगाल स्कूल' की परम्परा को अपनाने की अपेक्षा अपनी नयी अनुभूतियों और नये कला-शिल्प के आधार पर यह सिद्ध किया कि 'बंगाल स्कूल' की परम्परा पाश्चात्य मान-मूल्यों पर आधारित है। इस वर्ग के कलाकारों का यह अभिमत रहा है कि 'बंगाल स्कूल' का अनुकरण करने की अपेक्षा अपने देश की संस्कृति एवं अपने देश की शास्त्रीय कला में रसानुभूति के ऐसे तत्त्व समन्वित हैं, जिनको ग्रहण कर अपनी ही रुचियों के अनुसार अपनी कला का आधुनिकतम विकास संभव हो सकता है। इस प्रकार के कलाकारों में यामिनी राय और अमृत शेरगिल का नाम मुख्य है। शैलोज मुखर्जी और कुमारिल स्वामी को आंशिक रूप में इस वर्ग के अन्तर्गत रखा जा सकता है। यहाँ तक कि 'बंगाल स्कूल' के जन्मदाता आचार्य अवनीन्द्र ठाकुर के कुछ चित्रों में इस वास्तविकता को स्वीकार किया गया है। कनु देसाई के राष्ट्रीय स्वर में और रविशंकर रावल की शास्त्रीय दृष्टि में यही प्रभाव लक्षित होता है।

तीसरे वर्ग में उन कला-प्रवृत्तियों को रखा जा सकता है, जिनका प्रादुर्भाव स्वतंत्रता-प्राप्ति के बाद हुआ। स्वाधीनता प्राप्त होने के पूर्व ही यद्यपि चित्रकला के क्षेत्र में स्वतंत्र चिन्तन का नवोन्मेष और राष्ट्रीय चेतना का उदय हो चुका था; फिर भी उसका पूर्ण प्रभावशाली रूप, स्वतंत्रता-प्राप्ति के बाद रची गयी कृतियों में ही स्पष्ट हुआ। स्वतंत्रता-प्राप्ति से पूर्व अवनीन्द्र बाबू इस राष्ट्रप्रेम को अपनी कृतियों में स्थापित कर चुके थे। नन्दलाल वसु की कला में राष्ट्रपिता महात्मा गाँधी के प्रभाव से राष्ट्रीय जागरण का आवाहन था। कनु देशाई ने आदि से अन्त तक इसी राष्ट्रप्रेम को अपनी कृतियों के लिए अपनाया। कलकत्ता के सरकारी आर्ट स्कूल

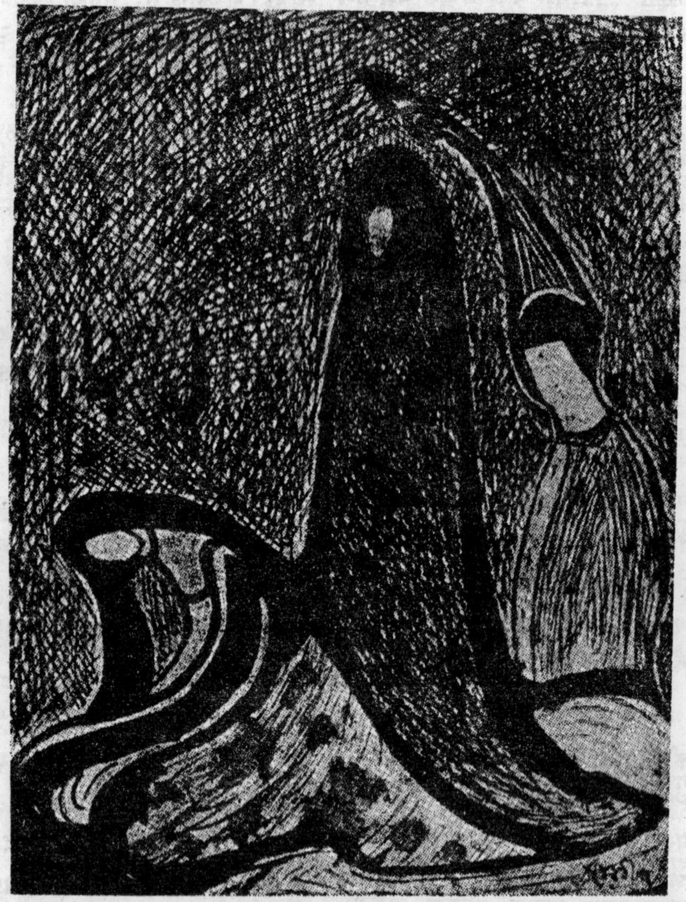

आचार्य रवीन्द्रनाथ ठाकुर की कृति

से निकले हुए कलास्नातक जब देश के चारों ओर फैले तो उनकी तूलिका में यही राष्ट्रप्रेम का स्वर मुखरित था। कलकत्ता, मद्रास, दिल्ली लखनऊ, बम्बई, और गुजरात आदि देश के विभिन्न अंचलों में फैले हुए कलाकारों ने व्यापक रूप से इस राष्ट्रप्रेम को अपनी कृतियों में दर्शाया।

किन्तु कला के क्षेत्र में राष्ट्रप्रेम की यह भावना स्थायी न रह सकी। यह स्वाभाविक ही था। देश जब स्वतंत्र हो गया तब कलाकार स्वभावतः दूसरी दिशाओं की ओर अग्रसर हुए। ऐसी स्थिति में कला की उन्नति और कलाकार का उद्देश्य कुछ नयी परिस्थितियों का विश्लेषण करना हो गया। इस प्रकार के कलाकारों में सबसे अधिक प्रभावशाली वर्ग वह था, जिसने कला को देश काल की सीमाओं से उभारकर उसको सार्वदेशिक और सार्वभौमिक रूप दिया। यह वर्ग है समसामयिक कलाकारों का।

समसामयिक कलाकारों का यह चौथा वर्ग आज अन्तर्राष्ट्रीय कलामंच पर अवस्थित होकर देश की कलात्मक थाती का प्रतिनिधित्व कर रहा है। इस वर्ग का प्रेरणा-केन्द्र पेरिस, है जिसको आज विश्व का सर्वश्रेष्ठ कलाकेन्द्र के रूप में प्रतिष्ठा प्राप्त है।

भारत में इस शैली के सर्वप्रथम चित्रकार विश्वकवि रवीन्द्रनाथ ठाकुर थे। यद्यपि उनके चित्रों में काव्यात्मक स्वर की प्रमुखता थी, फिर भी उनके चित्रों की सबसे बड़ी विशेषता थी रूप-निरपेक्षता। इसी रूप-निरपेक्षता के कारण कलकत्ता में आयोजित एक प्रदर्शनी में उनके चित्रों की कड़ी आलोचना हुई। उनके वे चित्र दूर भविष्य की कला-चेतना के द्योतक थे, जो कि भारत के लिए नये थे; किन्तु विश्व की कलात्मक अभ्युन्नति की दृष्टि से ही जिनका वास्तविक मूल्य आँका जा सकता था। यही कारण था कि पेरिस में आयोजित प्रदर्शनी में विश्वकवि के चित्रों को पर्याप्त ख्याति प्राप्ति हुई।

आज का भारतीय चित्रकार इस अरूपवादी शैली से भली भाँति परिचित एवं प्रभावित है। इस वर्ग के चित्रकारों की नामावली लम्बी है। यद्यपि इस वर्ग के चित्रकारों का प्रेरणाकेन्द्र पेरिस रहा है, तथापि उनमें से अधिकतर आज निजी संवैधानिक दृष्टि से नये स्वरूपों को रूपायित कर रहे हैं। इन चित्रकारों में कँवलकृष्ण, वीरेन दे, श्रीकृष्ण खन्ना, मोहन सामन्त, जार्ज कीट, कुलकर्णी, हुसैन, रामकुमार, रजा, सतीश गुजराल, शांति दवे, न्यूटन सूजा, तैयब मेहता, किरण सिन्हा, आरा, पदमसी, सुब्रह्मण्यम्, हरकिशन लाल और बेन्द्रे का नाम प्रमुख है। रामकिंकर बैज, हेब्बर, विनोद बिहारी मुखर्जी, मागो, चावड़ा, दिनकर कौशिक, ज्योतिष भट्टाचार्य, गादे, गायतोंडे जगदीश मित्तल, अजित चक्रवर्ती और द्विजेन सेन आदि चित्रकारों को समन्वयवादी विचारधारा का कलाकार माना जा सकता है।

इस प्रकार ऐतिहासिक दृष्टि से विचार किया जाय तो २०वीं शती ई० के आरंभ से लेकर अब तक चित्रकला की जिस परम्परा का विकास हुआ उसको दो मुख्य भागों में विभक्त करके देखा जा सकता है। पहले भाग में उन कलाकारों को रखा जा सकता है, जिनके द्वारा चित्रकला के आधुनिक युग का सूत्रपात हुआ। इस दृष्टि से उनको कलाचार्य के रूप में स्मरण किया जाता है।

आधुनिक चित्रशैली के जनक इन कलाकारों में अलाग्री नायडू, राजा रविवर्मा, ई० बी० हैवेल, अवनीन्द्रनाथ ठाकुर, रवीन्द्रनाथ ठाकुर, गगनेन्द्रनाथ ठाकुर, नन्दलाल वसु, यामिनी राय, अमृत शेरगिल, देवीप्रसाद रायचौधरी और असितकुमार हालदार का नाम मुख्य है। इनको आधुनिक शैली का जनक कहा जा सकता है।

इन कलाचार्यों ने जो सबसे बड़ा कार्य किया वह था चित्रकला के निर्माण के लिए सैंकड़ों नये कलाकारों को तैयार करना। उन्होंने स्वयं जितना कुछ किया वह तो महत्वपूर्ण है

ही, उसके साथ ही उनके द्वारा जो नये कलाकार सामने आये उसका श्रेय भी इन्हीं कलाचार्यों को दिया जा सकता है।

कलाकारों की यह नयी शाखा, जिसको समसामयिक कहना अधिक युक्तिसंगत जान पड़ता है, पुरातन के प्रति आस्थावान् और भविष्य के लिए उत्कण्ठित है। उनकी कृतियों में आज की परिवर्तित एवं व्यापक परिस्थितियों का समावेश तथा सामंजस्य दर्शित है।

साहित्य की विभिन्न भाव-धाराओं की ही भाँति कला की सद्यः सृजनशील प्रवृत्तियों में भी परम्परा की अपेक्षा पर्याप्त परिवर्तन लक्षित हो रहा है। समसामयिक भारतीय चित्रकार जिस उत्साह और रुचि से आगे बढ़ रहे हैं उससे भारतीय चित्रकला के उन्नत वर्तमान और शुभ भविष्य की सहज ही आशा की जा सकती है।

कला की अद्यतन विधाएँ

कला की अद्यतन विधाओं की समीक्षा करते समय हमारे सामने मुख्य रूप से दो तरह की प्रवृत्तियाँ उपस्थित होती हैं। कला की एक विधा परम्परा से अनुबद्ध अजन्ता तथा मध्यकालीन शैलियों से प्रेरित है और दूसरी विधा पश्चिम से प्रभावित है। इन दोनों विधाओं में कौन ग्राह्य है और कौन परित्याज्य—इसका सर्वमान्य उत्तर देना कठिन है।

परम्परा के प्रति बहिष्कार तथा उपेक्षा की भावना का उद्रेक पश्चिम के प्रभाववादी कलाकारों के द्वारा हुआ। किन्तु अपने यहाँ आज हम उसका जो प्रभाव देख रहे हैं उससे हमारी यह आशा अधिक फलवती होने की अपेक्षा धुँधली होती जा रही है कि हम भविष्य के लिए कोई स्थायी देन संचित कर सकें। ऐसा दृष्टिकोण और सृजन हमें उस द्विविधा में डाल देता है, जिसका कोई पूर्वापर आधार नहीं है। यह ऐसी स्थिति है, जिसका न कोई इतिहास हो सकता है और भावी स्वरूप ही। इसलिए वास्तविक अर्थों में कलाकार वही है, जो प्राचीन उपलब्धियों को नयी वाणी दे अथवा उनसे प्रेरणा प्राप्त करके सृजन की नयी दिशाओं को आलोकित करे। ये प्राचीन उपलब्धियाँ नये कलाकार को प्रेरणा तथा भाव ही नहीं देतीं; बल्कि उसे नवीन अभिव्यक्ति के लिए उपकरण तथा साधन भी प्रदान करती हैं और उसको मार्ग भी सुझाती हैं। किसी बीते युग की सभ्यता एक कलाकार के लिए अपना सम्पूर्ण वैभव, अपने सारे कौशल और अपनी तत्कालीन राजनीतिक समस्याएं, तत्कालीन समाज की अभिरुचियों और तत्कालीन शिल्पों का विकास आदि अनेक बातें उपलब्ध कराती है।

इसलिए पुरातन का बहिष्कार तथा उपेक्षा करके अद्यतन बनने की भावना ही व्यर्थ जान पड़ती है। किसी भी कलाकृति का सम्बन्ध वर्तमान से हो, वह वर्तमान के लिए उपयोगी सिद्ध हो—इसमें किसी का भी विरोध एवं वैमत्य नहीं हो सकता; किन्तु जो लोग पुरातन के बहिष्कार की बात करते हैं उनका उद्देश्य और तर्क सर्वथा बेबुनियाद है।

कला की परम्परावादी दूसरी विधा के सम्बन्ध में भी कुछ भ्रांतियाँ एवं रूढ़ियाँ हैं, जिनको समझ लेना आवश्यक है। आज के कुछ कलाकार परम्परा के मोह में इतने अधिक बँधे हुए हैं कि अपनी निष्फल अनुकृतियों को ही सर्वोपरि महत्त्व देकर उन्हीं को युग की सर्वश्रेष्ठ कृति समझे हुए हैं। उनका यह भ्रम इस सीमा को पहुँच चुका है कि वे अपनी लीक से हटना ही नहीं चाहते। इस प्रकार की कृतियों में जीवन की कोई नयी उपलब्धि ढूंढ़ना ही व्यर्थ है।

इन दोनों वर्तमान विधाओं को दृष्टि में रखकर यदि हम कला के सर्वाङ्गीण पक्ष पर विचार करते हैं तो हमारे सामने एक नयी बात स्पष्ट उभर कर आती है, जिसका रूप उक्त दोनों विधाओं से भिन्न है। व्यक्ति या समाज से सम्बद्ध संस्कृति, कला, साहित्य तथा राजनीति आदि किसी भी विषय की सार्थकता इसी बात में है कि वह अपने युग का प्रतिनिधित्व करते हुए जनरुचि द्वारा समर्थित एवं स्वीकार्य हो। बौद्धयुग की जनरुचि यदि तत्कालीन संस्कृति, यदि तत्कालीन कला में मुखरित न हुई होती तो उसको न बौद्ध संस्कृति कहा जा सकता था और न बौद्ध कला ही। यही बात यदि व्यापक रूप से ग्रहण की जाय तो संसार के सभी देशों की संस्कृति और कला पर चरितार्थ होती है। जिस पीढ़ी में हम रह रहे हैं उस पीढ़ी के साहित्यकार या कलाकार यदि अपनी पीढ़ी का प्रतिनिधित्व नहीं करते तो उन्हें अभिनव या आधुनिक कहना भूल होगी। आज का समाज जीवन के सभी स्तरों, वाङ्मय के प्रत्येक पहलुओं और संस्कृति, कला-कौशल, रहन-सहन आदि सभी में अपनी दृष्टि और अपनी अनुभूति को देखना चाहता है।

आज का भारतीय चित्रकार अमूर्त शैली की ओर उन्मुख है। फ्रांस के प्रतीकवाद से प्रभावित भारतीय चित्रकारों ने भी अब लघुचित्रों का निर्माण छोड़कर विशाल चित्रों ओर जलरंगों की जगह तैलरंगों को अपनाया है। इसी प्रकार विशाल चित्रों द्वारा पोस्टर शैली का प्रचार भी बढ़ रहा है। ये तथ्य समय-समय पर विभिन्न नगरों में आयोजित कला-प्रदर्शनियों से प्रकाश में आ रहे हैं।

आज का भारतीय कलाकार कलावादों का वशवर्ती न होकर युगदृष्टि को ग्रहण करके राष्ट्रीय चेतना का सफल अभिव्यंजन कर रहा है। उसकी इस सफलता का प्रमाण यह है कि उसको विश्व का सर्वोच्च कला पुरस्कार प्रदान करके सम्मानित किया जा रहा है। उदाहरणस्वरूप कलाकार रजा का नाम लिया जा सकता है, जिन्हें १९५६ ई० में पेरिस का क्रिटिक एवार्ड प्राप्त हो चुका है। रजा के अतिरिक्त जिन कलाकारों की कृतियों को स्वदेश और विदेश में पर्याप्त ख्याति तथा लोक-सम्मान प्राप्त हो रहा है उनमें आरा, कँवलकृष्ण, कुलकर्णी, गुजराल, पदमसी, मागो, रामकुमार, सामन्त, हुसैन और हैब्बर आदि के नाम मुख्य हैं।

अतः हमारे आज के कलाकार जिस सर्वांगीण दृष्टि को लेकर प्रकाश में आ रहे हैं उसको देखते हुए भारतीय चित्रकला के उन्नत भविष्य के बारे में सहज ही अनुमान लगाया जा सकता है।

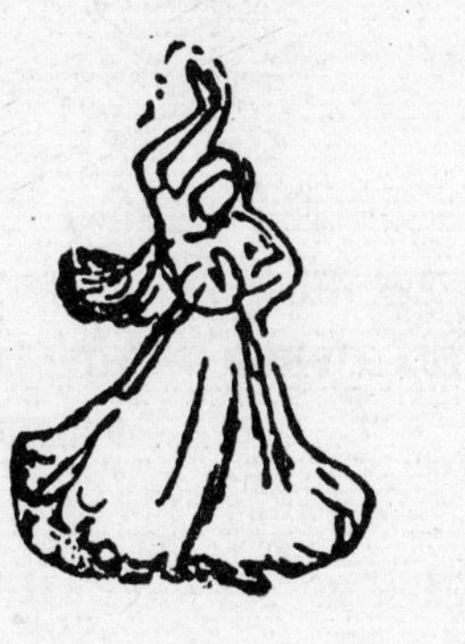

१०

लोककला

लोककला

कला के उद्भव और विकास की कहानी बहुत लम्बी है। यदि हम युगदृष्टि से उस पर विचार करते हैं तो हमें लगता है कि विभिन्न युगों पर उसके अस्तित्व की छाप एक जैसी नहीं रही। उसके जो आदर्श, प्रतिमान, उद्देश्य और प्रयोग वैदिक युग में थे, बाद के युगों से उनका तारतम्य नहीं बैठता, और इसी प्रकार आज का कला-दर्शन अपने अतीत से कुछ भिन्न है। किन्तु इसका यह आशय नहीं है कि कला के विकास की दीर्घकालीन परम्परा एवं परिस्थितियों में कोई क्रमबद्धता है ही नहीं।

साहित्य में, समाज में तथा राजनीति में जिस प्रकार अपने अतीत की अपेक्षा वर्तमान भिन्न रहता आया है, ठीक उसी प्रकार कला, जो कि मनुष्य की सौन्दर्यानुभूति का मानदण्ड एवं प्रतिबिम्ब रही है, अपने अतीत की अपेक्षा अपने वर्तमान में सदा ही नयी दिखायी देती रही है। इसलिए उसमें युगदृष्टि से भिन्नता होते हुए भी क्रमबद्धता सदैव बनी रही।

वैदिक युग में मानव की सौन्दर्यानुभूति के जो आदर्श थे, आगे के युगों में उनका स्वरूप बदल गया। मौर्य युग की जो कला-थाती आज प्राचीन अवशेषों के रूप में जीवित है उसको देखकर यह जानने को मिलता है कि उस समय का लोकजीवन कल्पित देवलोक की अपेक्षा तथा वैदिक युग के प्राकृतिक आचार्यों की अपेक्षा प्रत्यक्ष एवं व्यावहारिक जीवन पर अधिक निष्ठा रखने लगा था। इसी कारण उस युग की लोकशैली में तथा शास्त्रीय कला में भी देवताओं की भीड़ का समावेश न होकर सामान्य जन-जीवन के दैनिक क्रिया-कलापों का वर्णन मिलता है। इसी प्रकार अजन्ता, एलोरा और बाव के गुफाचित्रों में भारत की परम्परागत कलासाधना की छाप अंकित है। यदि ऐसा न हुआ होता तो इन गुफाचित्रों को आज इतनी अधिक ख्याति और इतनी अधिक स्थायी मान्यता प्राप्त न हुई होती।

लोककला के परम्परागत अभ्युदय को यदि साहित्य के अभ्युदय से तुलना करके देखा जाय तो वस्तुस्थिति को अधिक स्पष्ट रूप से जाना जा सकता है। जिस प्रकार हमारे वाङ्मय की समृद्धि के मूल में दो समान कारण विद्यमान रहे हैं, उसी प्रकार हमारी कला की उन्नत थाती भी दो रूपों को लेकर आगे बढ़ी। हमारी प्राचीन वैदिक संस्कृति ने एक ओर तो लोकभाषाओं को जन्म दिया तथा उनका पोषण किया और दूसरी ओर संस्कृत को अभिरक्षण दिया। भारतीय वाङ्मय के विकास के लिए जो कार्य प्रत्यक्ष रूप से संस्कृत ने किया वही कार्य जन-जीवन में सुरक्षित मौखिक वाङ्मय के लिए परोक्ष रूप से प्राप्त अपभ्रंश और उनकी अनेक विभाषाओं ने किया। हमारे लोकमानस द्वारा मौखिक रूप में सुरक्षित यह लोकसाहित्य हमारे लिए उतना ही ग्राह्य, उपयोगी और महत्त्वपूर्ण है, जितना कि संस्कृत साहित्य। संस्कृत साहित्य की ही भाँति हमारा लोक-साहित्य भी इतना व्यापक है कि उसकी सीमाएँ निश्चित करना संभव नहीं है।

ठीक यही स्थिति लोककला पर भी चरितार्थ होती है। भारतीय कला की जो थाती आज हमें उपलब्ध है वह दो रूपों में आगे बढ़ी। उसका एक रूप तो शास्त्रीय रहा, जिसके निर्माता या

तो राज्याश्रित पेशेवर कलाकार रहे या स्वतंत्र रूप से कला की साधना में अभिरत रहते हुए आगे बढ़े। इस शास्त्रीय कला के दोनों रूप पहले तो अजन्ता, बाघ आदि के भित्तिचित्रों में रूपायित हुए और बाद में उनका पूर्ण विकास मुगल, राजपूत तथा पहाड़ी आदि आगे की चित्रशैलियों के रूप में हुआ।

कला का दूसरा रूप अपने इतिहास और अपनी ख्याति की अपेक्षा किये बिना, हमारे आँगनों के निराले एवं स्वच्छन्द वातावरण में पल कर आगे बढ़ा। भारत की कोटि-कोटि जनता के जीवन में एकप्राण होकर यह लोककला न जाने अतीत की किस स्वर्णिम बेला से हमारे उल्लास के संबंधों से जुड़कर हमसे बंधी हुई हमारे साथ चली आ रही है !

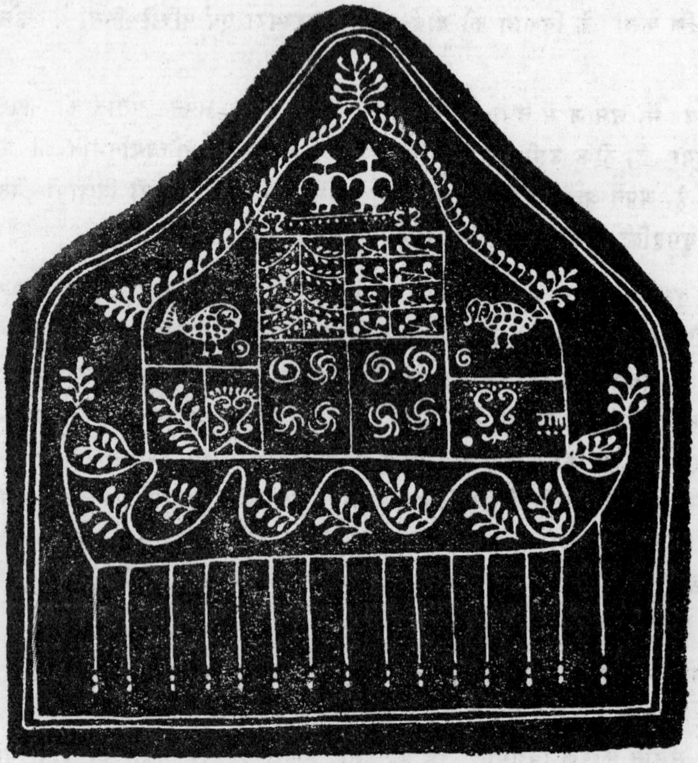

लक्ष्मी-पूजन के लिए भित्तिचित्र, अल्पना

बिना किसी अवलम्ब, आश्रय, प्रोत्साहन और प्रलोभन के स्वतंत्र, स्वच्छन्द एवं सौम्य गति से वह निरन्तर आगे बढ़ती रही। हमारे ममतामय तथा मधुर घरेलू सम्बन्धों की भाँति उसकी अटूट एकता हमारे साथ आरंभ से ही बनी रही।

ईसा की कुछ शताब्दियों पहले के भारत में नाना प्रकार की कल्पवल्लियों का उल्लेख पाया जाता है। घरों की स्वच्छ-धवल भित्तियों पर सूक्ष्मरेखा-विशारद कलाकार नाना भाव-रसों से युक्त इन कल्पवल्लियों का अंकन किया करते थे। ये कल्पवल्लियाँ प्राचीन लोककला के जीवित प्रमाण हैं। लोककला की प्राचीनता के दूसरे प्रमाण धूलिचित्रों में भी देखने को मिलते हैं, जिनका निर्माण

मौर्य युग (३०० ई० पूर्व) में व्यापक रूप से होता रहा। लोककला की प्राचीन परम्परा की उपलब्धि शुंगकालीन साँची के तोरणों में अंकित लोकचित्रों से होती है, जो कि जातक-कथाओं के आधार पर बनाये गये हैं। साँचो की कला को लोकप्रियता प्राप्त होने का कारण यही था और यही बात अजन्ता आदि के भित्तिचित्रों पर भी चरितार्थ होती है। इन भित्तिचित्रों में अल्पना के नमूनों को लेकर सुन्दर अलंकरण बनाये गये हैं। अजन्ता की इस लोककला का रिक्थ राजपूत, मुगल और पहाड़ी शैलियों के चित्रकारों ने ग्रहण किया। यहाँ तक कि यामिनी राय तथा अमृत शेरगिल जैसे आधुनिक शैली के चित्रकारों ने भी अजन्ता की उक्त लोकभावना को अपनी कृतियों में रूपायित किया।

जैन शैली के और काश्मीर तथा दक्षिण में उपलब्ध अपभ्रंश या गुजरात शैली के चित्रों में भी लोककला की अनुभूति व्यापक रूप में पायी जाती है। इन चित्रों में लोकजीवन का वास्तविक समावेश तभी हो पाया है, जब कि वे धार्मिक परिवेश में आबद्ध रहे और राज्याश्रय के विलासमय वातावरण से अछूते रहे।

साहित्य में जिस प्रकार अपभ्रंश भाषा ने लोकजीवन के उदात्त पक्ष को व्यक्त किया, चित्रकला के क्षेत्र में उसी प्रकार जैन कला ने लोकजीवन की झाँकियाँ प्रस्तुत कीं। अपने उदयकाल में ही उसने लोक-परम्पराओं और लोक-विश्वासों को ग्रहण कर लिया था। उसका आरंभ भी लोक-प्रेरणा से हुआ और अपनी समृद्धावस्था से लेकर अपनी सांध्यवेला तक उसमें लोकभावना का समावेश बना रहा।

जिस प्रकार भारतीय वाङ्मय का इतिहास भारतीय बोलियों के साहित्य के बिना अधूरा है, उसी प्रकार भारतीय चित्रकला का इतिहास उसकी लोककला के बिना अपूर्ण है। इस लोककला को जीवित रखने और उसमें नित नये जीवन्त तत्वों का समावेश करने का श्रेय हमारे नारी समाज को है। व्रतों, त्योहारों और उत्सवों पर आँगनों, दीवालों, कपाटों और द्वारों पर भाँति-भाँति की आकृतियाँ अंकित करके मंगलमय आध्यात्मिक भावनाओं के रूप में इस लोककला की उल्लासमयी परम्पराएँ हमारे साथ जुड़ी हुई हैं। लोककला के इसी मंगलमय पक्ष का भारतीय साहित्यकारों, विशेषतः कलापण्डितों ने आज से कई सौ वर्ष पूर्व अपने ग्रन्थों में इस तथ्य का एकाधिक बार उल्लेख किया है कि घर में सुख, शांति और समृद्धि आदि की प्रतिष्ठा के लिए घरों के बाहर-भीतर चित्रों से सज्जित होना चाहिए।

हमारी नारियों द्वारा घरों के बाहर-भीतर देवी-देवताओं, आख्यानों, नीति-कथाओं, जातकों और पुराणकथाओं से सम्बद्ध चित्रों को अंकित किये जाने की प्रथा प्राचीन काल से चली आ रही है। आज भी प्रत्येक त्योहार पर उसके अधिष्ठाता देवता और उस देवता के सहचर अन्य देवताओं की छवियाँ अंकित की जाती हैं। इन देवताओं में बहुधा लक्ष्मी और गणेश की प्रमुखता होती है, क्योंकि उन्हें आरोग्य, समृद्धि और मंगल का सूचक माना जाता है। कुछ चित्र प्राकृतिक रूपों और कुछ सामाजिक विषयों से भी सम्बद्ध होते हैं। धार्मिक विषयों की अधिकता तो होती ही है।

पशु-पक्षियों की छवियाँ अंकित करना मनुष्य की आदिम प्रवृत्ति रही है। प्रागैतिहासिक युग से लेकर मध्य युग तक की जितनी भी चित्रशैलियाँ हैं उन सब में पशु-पक्षियों का व्यापक रूप से मनोरम चित्रण देखने को मिलता है। मध्ययुगीन चित्रों में इस प्रकार का पशु-पक्षी-चित्रण प्रणय, विरह और मिलन आदि के विविध प्रतीकों के रूप में प्रयुक्त किया गया है। साहित्य में पक्षियों का

वर्णन और उनके द्वारा संदेशवाहन का कौशल बहुधा देखने को मिलता है। हमारे साहित्यकारों की भाँति हमारे चित्रकारों ने भी पशु-पक्षियों को मनुष्य के सहचर के रूप में चित्रित किया है। लोक-कला में पशु-पक्षियों का चित्रण मांगलिक दृष्टि से भी किया गया है। पशु-पक्षियों के चित्रण का एक आधार हमारी सामाजिक परम्पराओं से भी सम्बद्ध है; क्योंकि हमारा जीवन मूलतः कृषिजीवी रहा है। अतः पशुओं को हमने स्वभावतः अपने सहचर के रूप में माना। इसी प्रकार पक्षियों की प्रतीक भावना हमारे प्रेम, उल्लास और कोमलता को अभिव्यक्त करती है। शुक, सारिका, कुक्कुट, कलहंस, कोकिल, मयूर, सारस, चकोर, हरिण, घोड़ा और हाथी आदि पशु-पक्षियों को प्रायः अधिकता से चित्रित किया गया है। इन पशु-पक्षियों के चित्रित किये जाने का प्रयोजन धार्मिक विश्वास माना जाता है। मंगल, सिद्धि और शकुन का प्रतीक मानकर उनको चित्रकला और लोककला में व्यापक रूप से अपनाया गया।

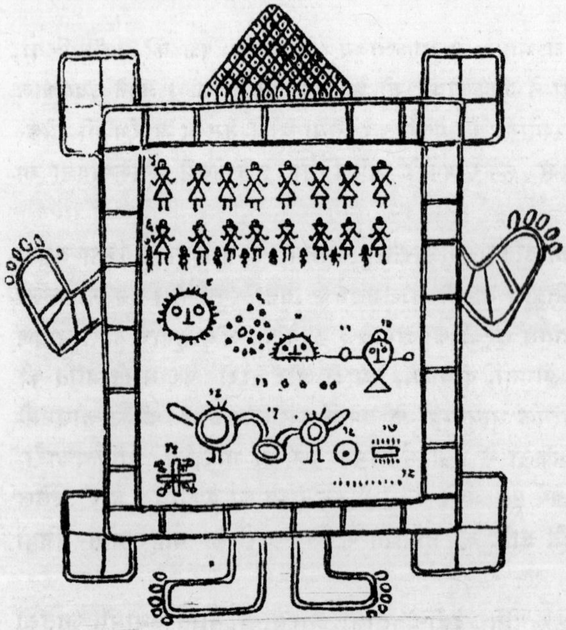

अघोई आठें का थापा

हमारी लोककला की उक्त समृद्धि शंख, स्वस्तिक, आभूषण, ग्रहकुंडलियाँ, चन्द्र, कलश आदि की मोहक आकृतियों में भी देखी जा सकती है। मांडना, अल्पना, चौकपूरना, रांगोली, एपन, थापे, कोलम और साँझी आदि की विभिन्न लोक-शैलियाँ लोककला की परम्परा को आज भी अक्षुण्ण बनाये हुई हैं। आँगन या धरती पर अंकित किये जाने वाले चित्रों को चौक या रांगोली (रंगवल्ली) और दीवारों तथा द्वारों पर अंकित किये जाने वाली आकृतियों को थापा या ठापा कहा जाता है। प्रत्येक त्योहार तथा उत्सव पर भिन्न-भिन्न प्रकार के थापे अंकित किये जाने का प्रचलन बहुत पुराने समय से चला आ रहा है। इन थापों और चौकों के द्वारा भारत की विभिन्न जातियों तथा जनपदों के सांस्कृतिक विश्वासों का भी दर्शन होता है।

इसी प्रकार भारतीय संस्कृति तथा लोकविश्वासों के साथ अपनी अभिन्न एकता बनाये 'अल्पना' एक घरेलू कला के रूप में वर्षों से हमारे जन-मानस में अपनी लोकप्रियता बनाये हुए हैं। उसको लोककला में सर्वाधिक सम्मान प्राप्त है। देश के सभी अंचलों में उसका प्रचलन है। उत्सवों और त्योहारों के सुअवसर पर वह हमारे उल्लास-उत्साह का संबर्द्धन करती हुई हमारी संस्कृति के पवित्र तथा सुरुचिपूर्ण पक्ष को प्रकट करती है।

लोककला की यह पुरातन थाती भारत के विभिन्न जनपदों एवं जातियों में विभिन्न रूपों में संपूजित एवं सम्मानित होकर आज भी हमारे लोकजीवन का अंग बनी हुई है। गुजरात और महाराष्ट्र

में रांगोली से आँगन को सज्जित करने में विशेष उत्साह प्रदर्शित किया जाता है। चित्र-विचित्र फूल-पत्तियों, बेल-बूटों की भावात्मक आकृतियाँ अंकित करके उनके द्वारा सुख-समृद्धि का आवाहन किया जाता है। यह प्रथा वहाँ के लोकजीवन में प्राचीन काल से चली आ रही है, जिसके प्रमाण हमें वहाँ के पुराने राजप्रासादों, घरों और मन्दिरों के मूर्ति-शिल्प में दिखायी देते हैं।

बंगाल में लोककला का प्रचार-प्रसार आज राष्ट्रीय ही नहीं, अन्तर्राष्ट्रीय स्तर पर है। बंगाल की लोककला के प्रचार-साधन पटचित्र रहे हैं। ये पटचित्र यद्यपि व्यापारिक दृष्टि से बनाये जाते हैं, तथापि उन्हीं के माध्यम से बंगाल की लोककला उड़ीसा, आसाम और उत्तर भारत के विभिन्न प्रदेशों में प्रचारित हुई। पटचित्रों के निर्माता (पटवे) ये कलाकार रंगों के प्रयोग और डिजाइनों को बनाने में बड़े कुशल होते हैं। उनके द्वारा बीच-बीच में अंकित देवी-देवताओं के चित्र और बार्डर पर चारों ओर पशु-पक्षियों की आकृतियाँ बड़ी ही आकर्षक एवं मोहक होती हैं।

पटचित्रों के अतिरिक्त बंगाल की लोक-कला का दूसरा रूप मिट्टी के घड़ों तथा उनके ढक्कनों पर की गयी सज्जा में देखने को मिलता है। इस चित्रकारी में पुरुष-स्त्री, पशु-पक्षी, फूल-पत्तियाँ और बेल-बूटे आदि अनेक विषयों का समावेश होता है; और उनके लिए जिन रंगों का प्रयोग होता है उनमें पीठिया (सफेद), हल्दिया (पीला) तथा लाल रंगों का समन्वय दर्शनीय है।

इसी प्रकार राजस्थान में मेंहदी मांडने की प्रथा अधिक प्रचलित है। प्रत्येक त्योहार,

हरिचरण व्रत, अल्पना

उत्सव तथा मौसम में वहाँ मेंहदी मांडने की प्रथाएँ अलग-अलग हैं। उत्तर प्रदेश में साँझी का त्योहार बड़े उल्लास के साथ कई दिनों तक मनाया जाता है। इस उत्सव पर गोबर की एक बड़ी प्रतिमा मनायी जाती है, जिसको सुन्दर वस्त्राभूषणों से सज्जित करने के उपरान्त उस पर सुनहली,

रुपहली पत्नियाँ चिपकायी जाती हैं। इस सज्जा के कारण गोबर की वह निर्जीव प्रतिमा मानो सजीव हो उठती है।

सेलखरी पीसकर सफेद चूर्ण से स्त्रियाँ घरों के आँगनों, दीवालों तथा द्वारों पर चित्रकारी करती हैं। कभी-कभी खड़िया चूर्ण की जगह आटे या कलई से भी काम लिया जाता है। पहले सफेद चूर्ण से अल्पना का खाका तैयार किया जाता है और बाद में उसको त्रिभुज, चतुर्भुज, षट्कोण अष्टकोण, वर्ग, विन्दु, सरल और आड़ी-तिरछी रेखाओं में विभाजित कर उनमें तरह-तरह के रंग भरे जाते हैं। इन रंगों को अधिक टिकाऊ बनाने के लिए उनमें गोंद घोल दिया जाता है। अल्पना में प्रायः ज्यामितिक ढंग की रेखाएँ होती हैं।

इन लोकचित्रों में रङ्गों और रेखाओं की भी अपनी मौलिकता होती है। सफेद, हरे, नीले और पीले रंगों का अधिकता से प्रयोग किया जाता है। इन रंगों को बनाने में भी विशेष कौशल होता है। प्रायः वे आटा, हल्दी, चावल, खड़िया आदि सर्वसुलभ गृहज वस्तुओं से तैयार किये जाते हैं। जहाँ तक रेखाओं का सम्बन्ध है, उनकी मादकता देखने वाले को दूर से ही आकर्षित कर लेती है। उनमें सुघराई और बारीकी की अपेक्षा भावात्मक अनुभूति की प्रधानता होती है। उनकी एक विशेषता उनका सादापन और उनकी पवित्रता भी है।

लोककला की ये भावमयी तथा मोहक आकृतियाँ आज उपयोगी कला के रूप में दिनों दिन अधिक लोकप्रिय होती जा रही हैं। वे साड़ी, लहँगा, सलमा-सितारे, ऊनी-रेशमी वस्त्रों, बच्चों की गुड़ियों, मिट्टी के खिलौनों, डलियों, टोकरियों, काष्ठ, धातु, प्रस्तर और यहाँ तक कि पुस्तकों, पत्र-पत्रिकाओं के मुखपृष्ठों पर अंकित होकर अधिकाधिक लोकप्रियता प्राप्त कर रही है।

इस प्रकार हमारी यह लोककला आज अपने गौरवशाली अतीत के कारण ही नहीं, अपनी वर्तमान लोकप्रियता एवं उपयोगिता के कारण भी उपादेय तथा महत्त्वपूर्ण है। हमारे लोकजीवन में उसका जितना अधिक प्रचार-प्रसार हो उतना ही राष्ट्रीय सुख-समृद्धि और सांस्कृतिक चेतना के जागरण में उसके द्वारा सहायता हो सकती है।

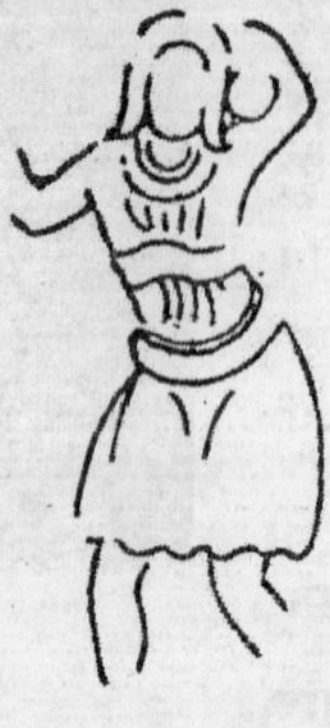

११
परिशिष्ट

•

प्रमुख कला संग्रहालय

भारत में

अजमेर संग्रहालय, अजमेर
अलवर संग्रहालय, अलवर
इंडियन म्यूजियम, कलकत्ता
एशियाटिक सोसाइटी, कलकत्ता
एशियाटिक सोसाइटी, बम्बई
कलकत्ता आशुतोष संग्रहालय, कलकत्ता
कोटा संग्रहालय, कोटा
खुदाबख्श पुस्तकालय, पटना
जयपुर संग्रहालय, जयपुर
ताजमहल संग्रहालय, आगरा
तिरुअनन्तपुरम् संग्रहालय, तिरुअनन्तपुरम्
नागपुर संग्रहालय, नागपुर
नागार्जुनीकोण्डा संग्रहालय, जिला गुंटूर
नालन्दा संग्रहालय, नालन्दा
नेशनल म्यूजियम, नई दिल्ली
पटना संग्रहालय, पटना
पुरातत्त्व संग्रहालय, उदयपुर
पुरातत्त्व संग्रहालय, ग्वालियर
पुरातत्त्व संग्रहालय, जयपुर
पुरातत्त्व संग्रहालय, त्रिचूर
पुरातत्त्व संग्रहालय, त्रिवेन्द्रम्
पुरातत्त्व संग्रहालय, पूना
पुरातत्त्व संग्रहालय, फैजाबाद
पुरातत्त्व संग्रहालय, बीजापुर
पुरातत्त्व संग्रहालय, भावनगर
पुरातत्त्व संग्रहालय, मथुरा
पुरातत्त्व संग्रहालय, साँची
पुरातत्त्व संग्रहालय, सारनाथ
प्रयाग संग्रहालय, प्रयाग
प्रॉविंशियल म्यूजियम, भुवनेश्वरम्
प्रिंस ऑफ वेल्स म्यूजियम, बम्बई
बड़ौदा संग्रहालय, बड़ौदा
बीकानेर गंगा स्वर्णजयन्ती संग्रहालय, बीकानेर
भूरिसिंह म्यूजियम, चम्बा
मद्रास संग्रहालय, मद्रास
मध्य एशियायी संग्रहालय, नई दिल्ली
मैसूर गवर्नमेंट म्यूजियम, बंगलौर
राजकीय संग्रहालय, औंध
राजपूताना म्यूजियम, अजमेर
राष्ट्रीय संग्रहालय, नई दिल्ली
लखनऊ संग्रहालय, लखनऊ
ललितकला संग्रहालय, नई दिल्ली
वाराणसी भारत कला भवन, वाराणसी
शिमला संग्रहालय, शिमला
सूरत विचेस्टर संग्रहालय, सूरत
स्टेट म्यूजियम ऐंड पिक्चर गेलरी, बड़ौदा
हैदराबाद सालारगंज संग्रहालय, हैदराबाद

विदेशों में

ब्रिटिश म्यूजियम, लन्दन
विक्टोरिया ऐंड अल्बर्ट म्यूजियम, लन्दन
इण्डिया ऑफिस, लन्दन
बोडलियन लाइब्रेरी, आक्सफोर्ड
बिब्लियोथिका नेशनलिया, पेरिस
इथ्नोग्राफिकल म्यूजियम, बर्लिन
इम्पीरियल लाइब्रेरी, वियना
मेट्रोपोलिटन म्यूजियम, न्यूयार्क
म्यूजियम ऑफ फाइन आर्ट्स बोस्टन
फेल्ड कोलम्बियन म्यूजियम, चिकागो
नेशनल म्यूजियम, वाशिंगटन

प्रमुख कला संस्थान

अमृतसर

इंडियन अकादेमी ऑफ फाइन आर्ट्स, कूपर रोड

कलकत्ता

अकादेमी ऑफ फाइन आर्ट्स, इंडियन

म्यूजियम हाउस, चौरंगी रोड
इंडियन कॉलेज ऑफ आर्ट्स ऐंड ड्राफ्टसमैनशिप, धर्मतल्ला स्ट्रीट
दि कलकत्ता आर्ट्स सोसाइटी, ७ लिन्से स्ट्रीट

कोल्हापुर
कला निकेतन, ११७-बी०, महाद्वार माडल आर्ट इंस्टिट्यूट

गडग
विजय आर्ट इंस्टिट्यूट, गडग (मैसूर)

गौहाटी
असम ललित कला अकादेमी पान बाजार, गौहाटी (असम)

ग्वालियर
मध्य भारत कला परिषद्

देहरादून
कलाकेन्द्र, १ पटेल रोड (उ० प्र०)

जयपुर
राजस्थान ललितकला अकादेमी, कृष्ण निवास, महाबीर रोड

नयी दिल्ली
ऑल इंडिया फाइन आर्ट्स ऐंड क्राफ्ट्स सोसाइटी, ओल्ड मिल रोड
दिल्ली शिल्पी चक्र, शंकर मैनशन, कनाट सर्कस
शारदा उकील स्कूल ऑफ आर्ट, ६६ क्वीन्स वे
ललित कला अकादेमी

पटना
शिल्पकला परिषद्, गवर्नमेंट स्कूल ऑफ आर्ट्स (बिहार)

पूना
भारतीय कला-प्रसारिणी सभा, ९४७ ए सदाशिव पेठ, लक्ष्मी रोड

बम्बई
इंडियन इंस्टिट्यूट ऑफ आर्किटेक्चर्स, प्रोस्पेक्ट्स चेम्बर्स, एनेक्स, महात्मा गांधी मार्ग, फोर्ट
इंडियन स्कलप्चर्स असोसिएशन, भूलाभाई देसाई रोड
दि आर्ट सोसाइटी आफ इंडिया, सैंडहर्स्ट हाउस, सैंडहर्स्ट रोड,
दि नूतन कलामन्दिर, ब्लावत्स्की लॉज बिल्डिंग, फ्रेंच ब्रिज
बम्बई आर्ट सोसाइटी, जहांगीर आर्ट गेलरी, महात्मा गांधी रोड, फोर्ट
मार्डन आर्ट इंस्टिट्यूट, नून बिल्डिंग, दादर

बोलपुर
शान्ति निकेतन (प० बंगाल)

भागलपुर
कलाकेन्द्र, भागलपुर (बिहार)

मदुराई
आर्ट स्कूल, नॉर्थ आरानिमूला स्ट्रीट, मदुराई (मद्रास)

मद्रास
नेशनल आर्ट गेलरी, गवर्नमेंट म्यूजियम
प्रोग्रेसिव पेंटर्स असोसिएशन, २ कासा मेजर रोड
साउथ इंडियन सोसाइटी ऑफ पेंटर्स, म्यूजियम हाउस, दगमोर

राजकोट
सौराष्ट्र कला मण्डल, राजकोट

राज महेन्द्री
दामेरला राव मेमोरियल आर्ट गेलरी ऐंड स्कूल (आंध्र)

लखनऊ
यू० पी० आर्टिस्ट असोसिएशन, ३७ हजरतगंज
ललितकला अकादेमी, उत्तर प्रदेश

शिमला
पाँचाल ललितकला अकादेमी, द्वारा गवर्नमेंट स्कूल ऑफ आर्टस, मोरवेन

श्रीनगर
जम्मू ऐंड काश्मीर अकादेमी ऑफ आर्ट ऐंड कल्चर

हैदराबाद
हैदराबाद आर्ट सोसाइटी, द्वारा गवर्नमेंट स्कूल ऑफ आर्टस, हैदरगुदा

१२

चित्र

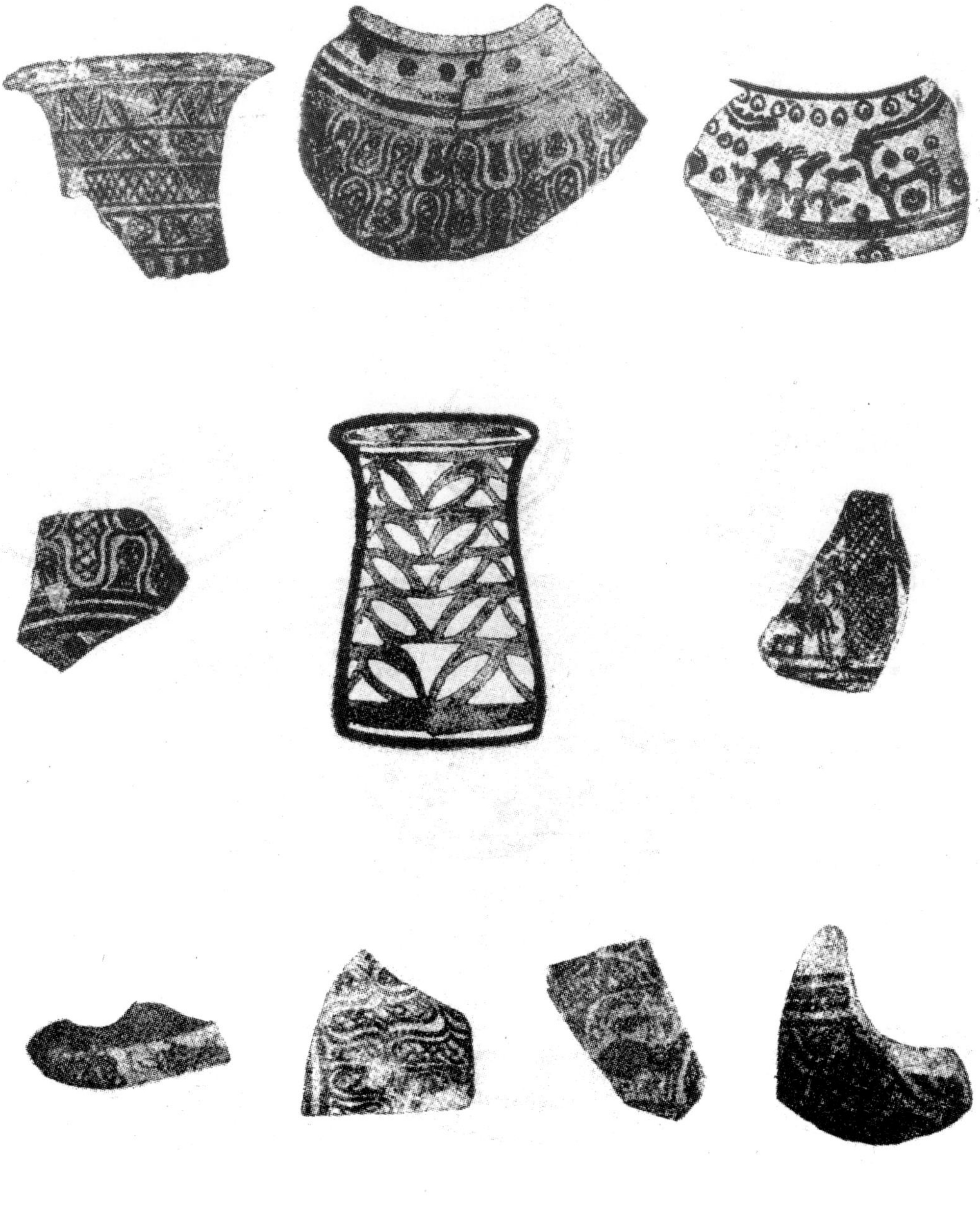

हड़प्पा के टीलों से प्राप्त मिट्टी के चित्रित बर्तन

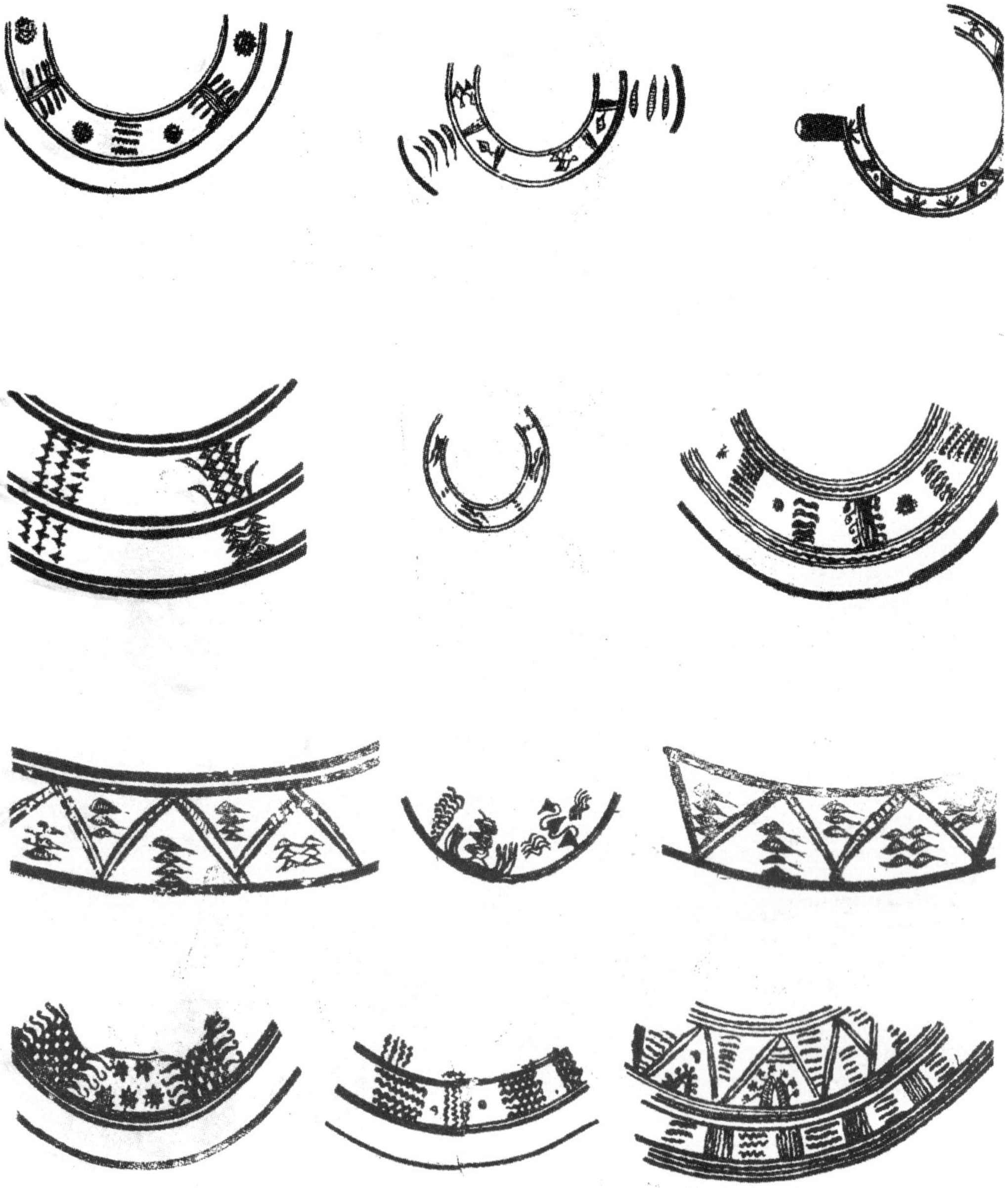

हड़प्पा की समाधियों से प्राप्त मिट्टी के कलशों पर चित्रित आभूषण

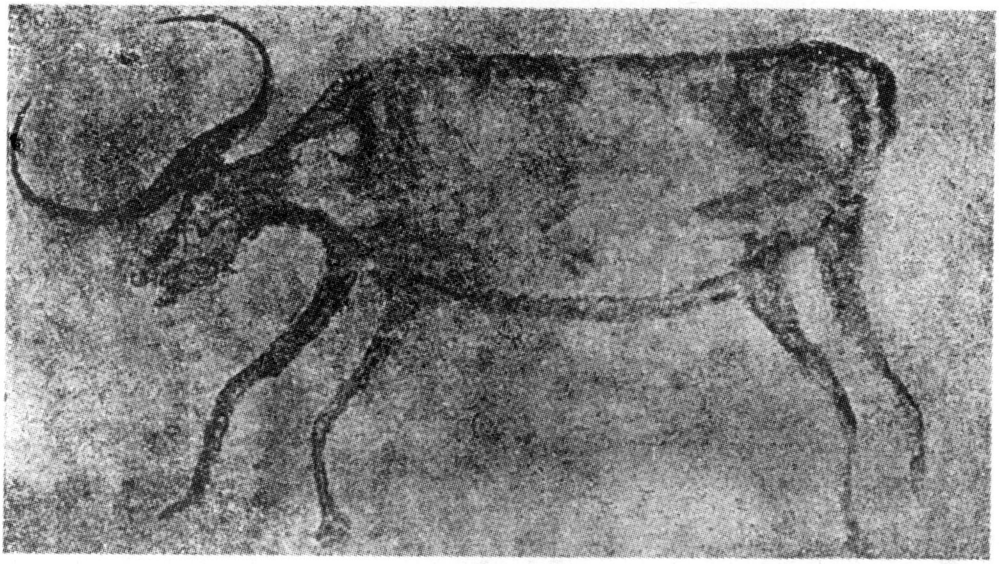

गेरुए रंग से अंकित सींगों वाला महिष, होशंगाबाद प्रागैतिहासिक पाषाण युग

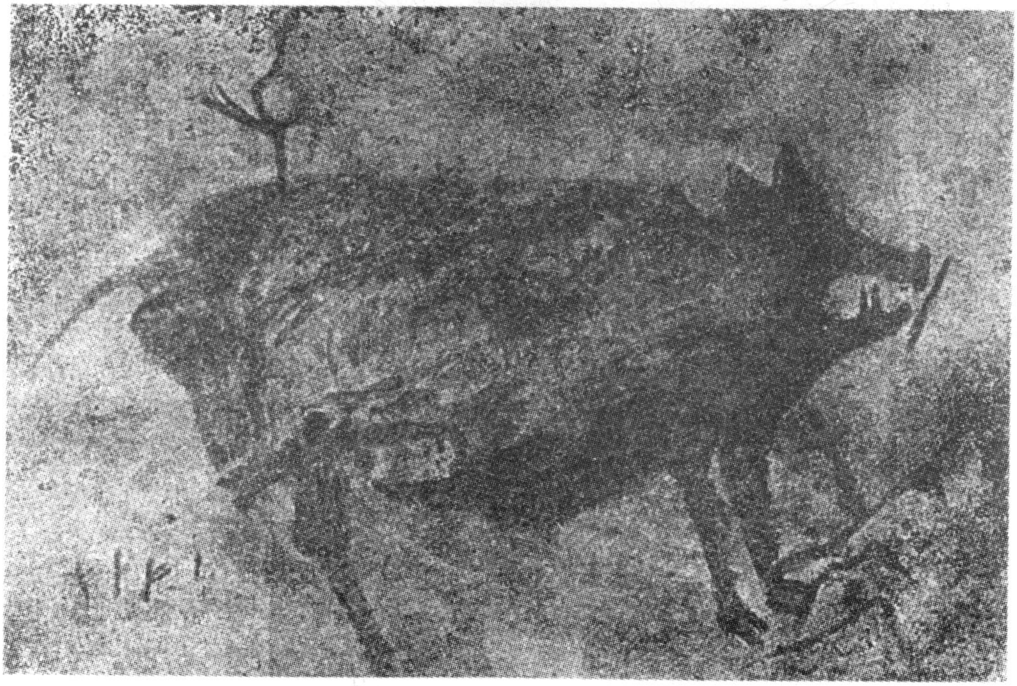

गेरुए रंग से अंकित आहत सुअर, मीरजापुर, प्रागैतिहासिक नव-पाषाण युग

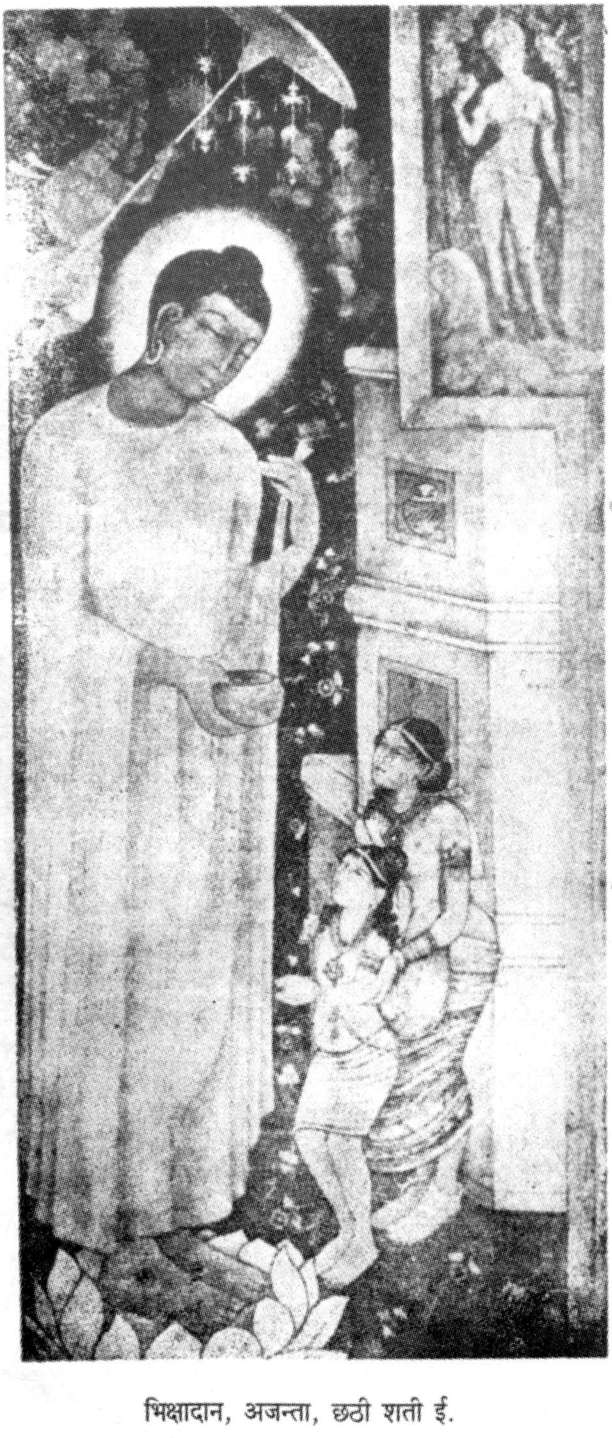

भिक्षादान, अजन्ता, छठी शती ई.

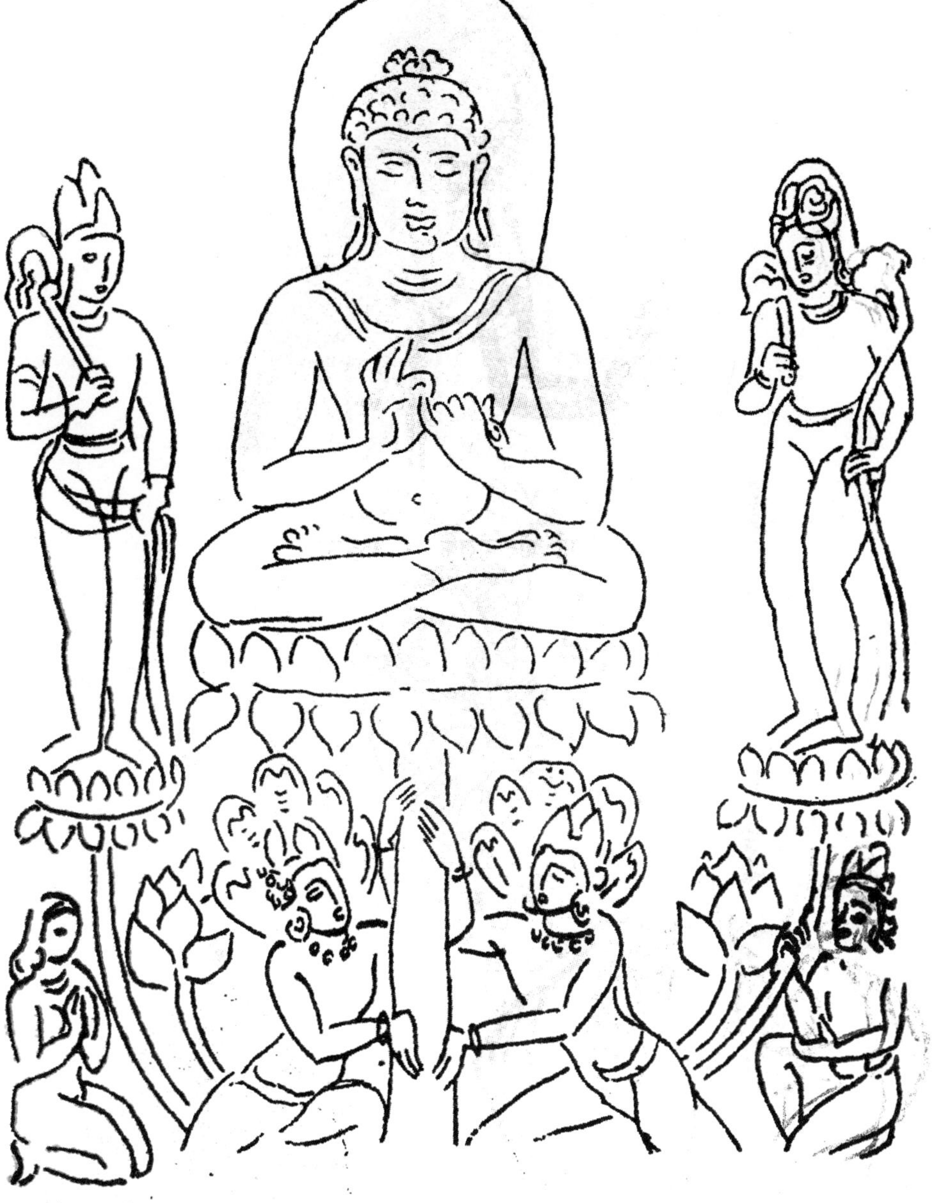

धर्मचक्र प्रवर्तन मुद्रा में बुद्ध — अजन्ता

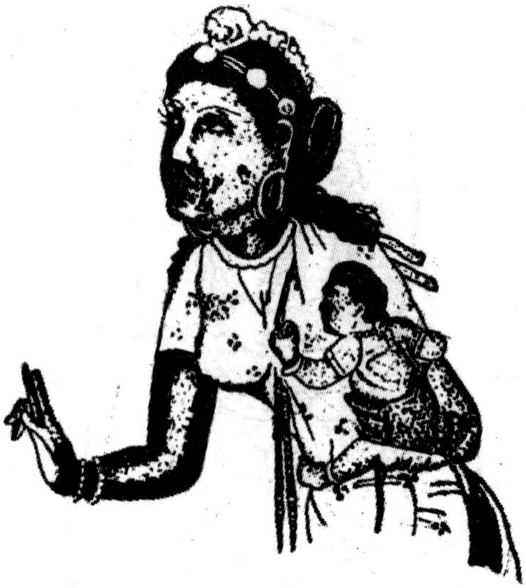

माँ और बालक — अजन्ता

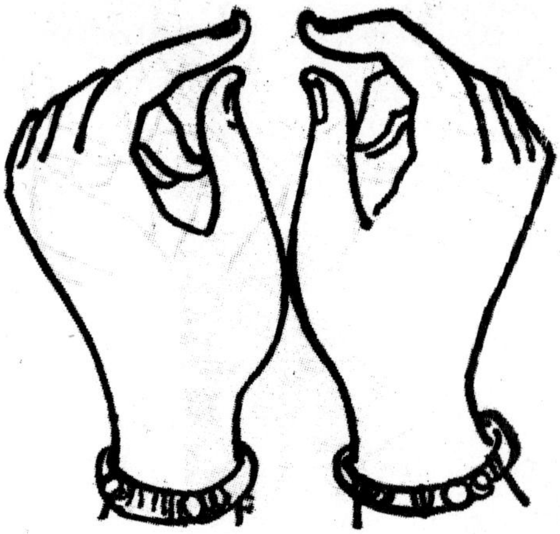

भेरुण्ड हस्तमुद्रा

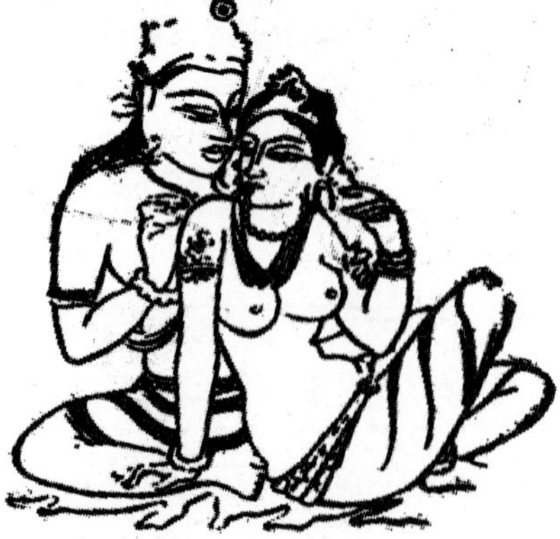

प्रेमी युगल — अजन्ता

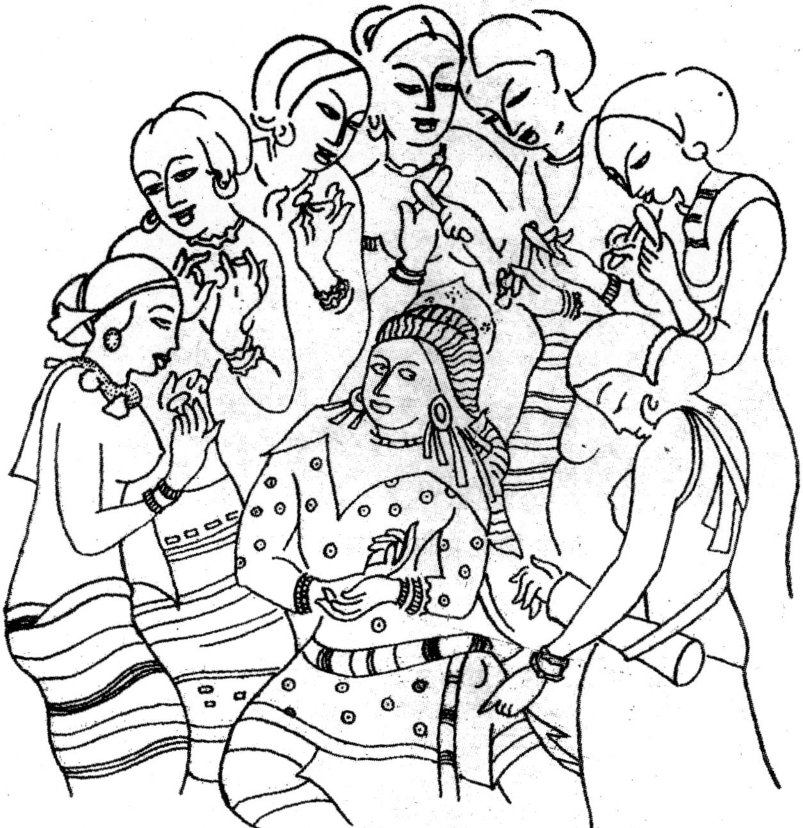

हल्लीस नृत्य — वाघ

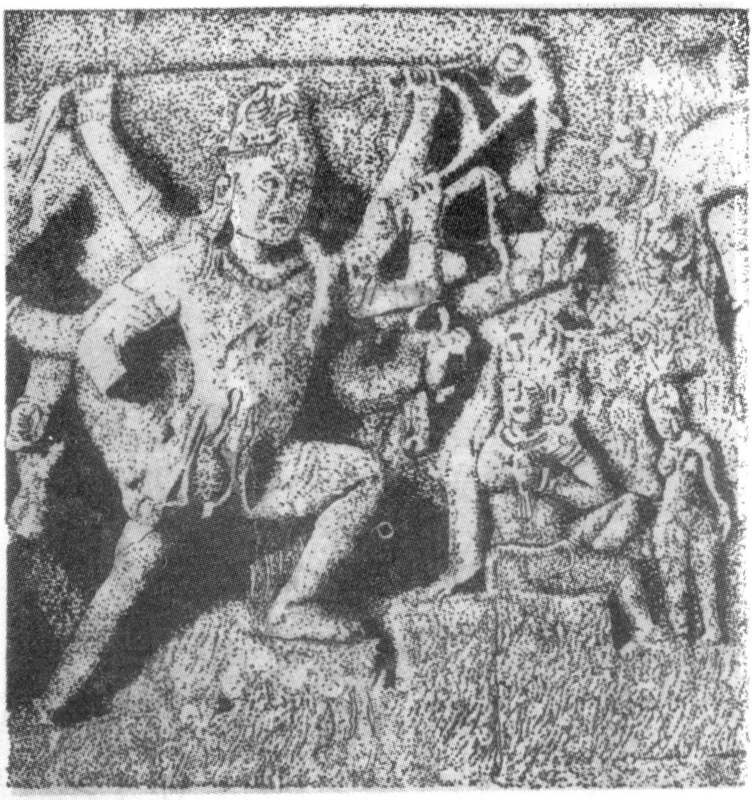

वीरभद्र शिव, एलोरा, गुफा सं. २९

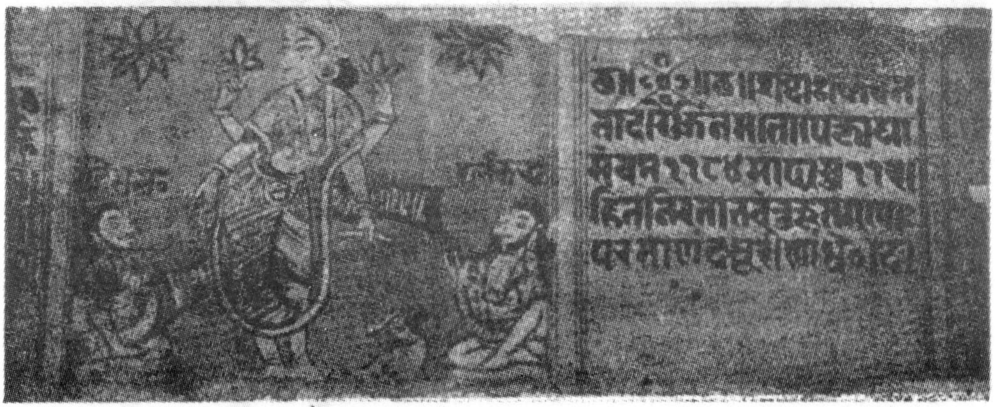

ताड़पत्र की हस्तलिखित प्रति 'निशीथचूर्णिका' पर निर्मित सरस्वती, जैन शैली, ११८४ वि.

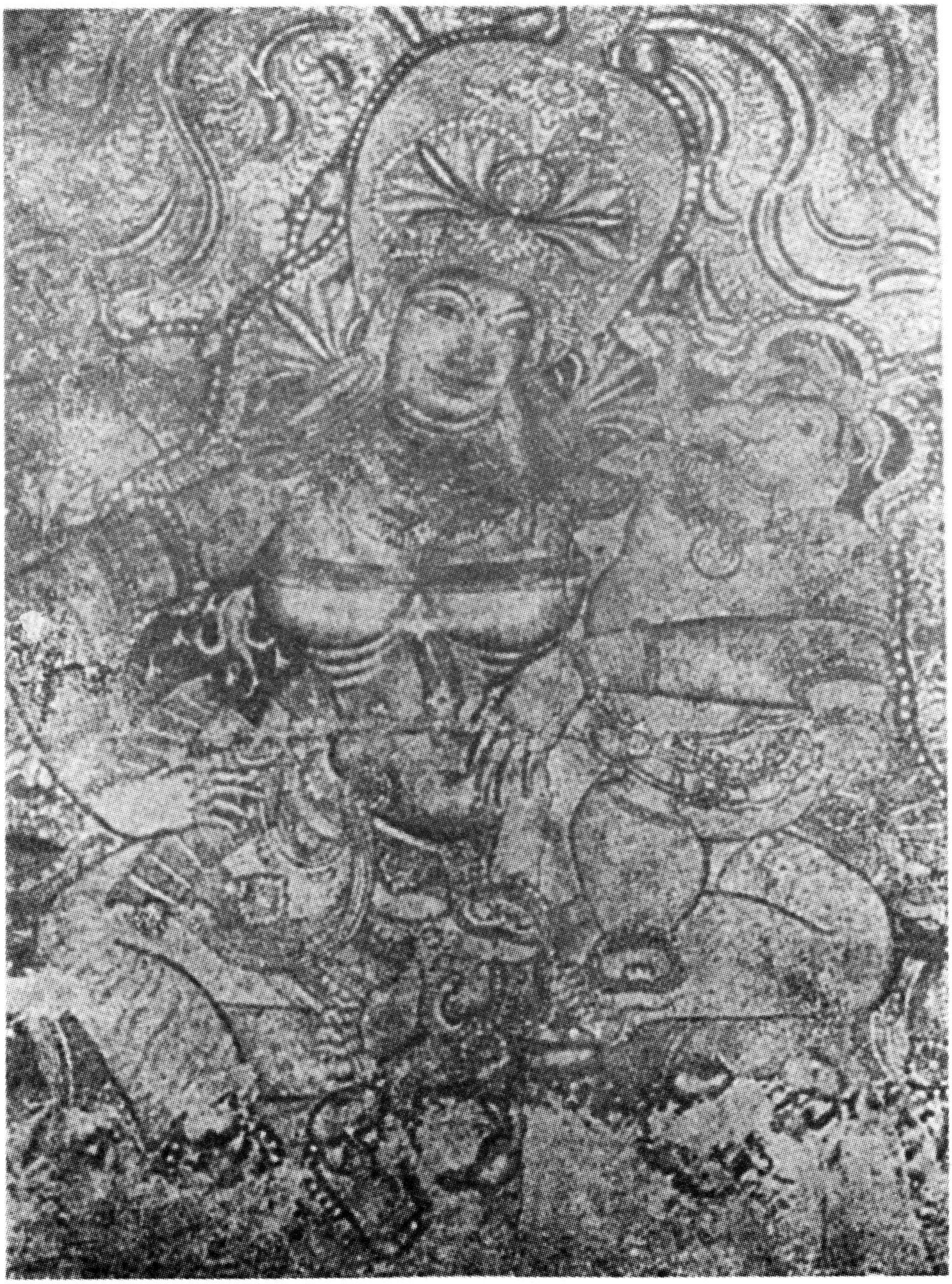

पार्वती और गणेश, दक्षिण शैली, १५३४ ई.

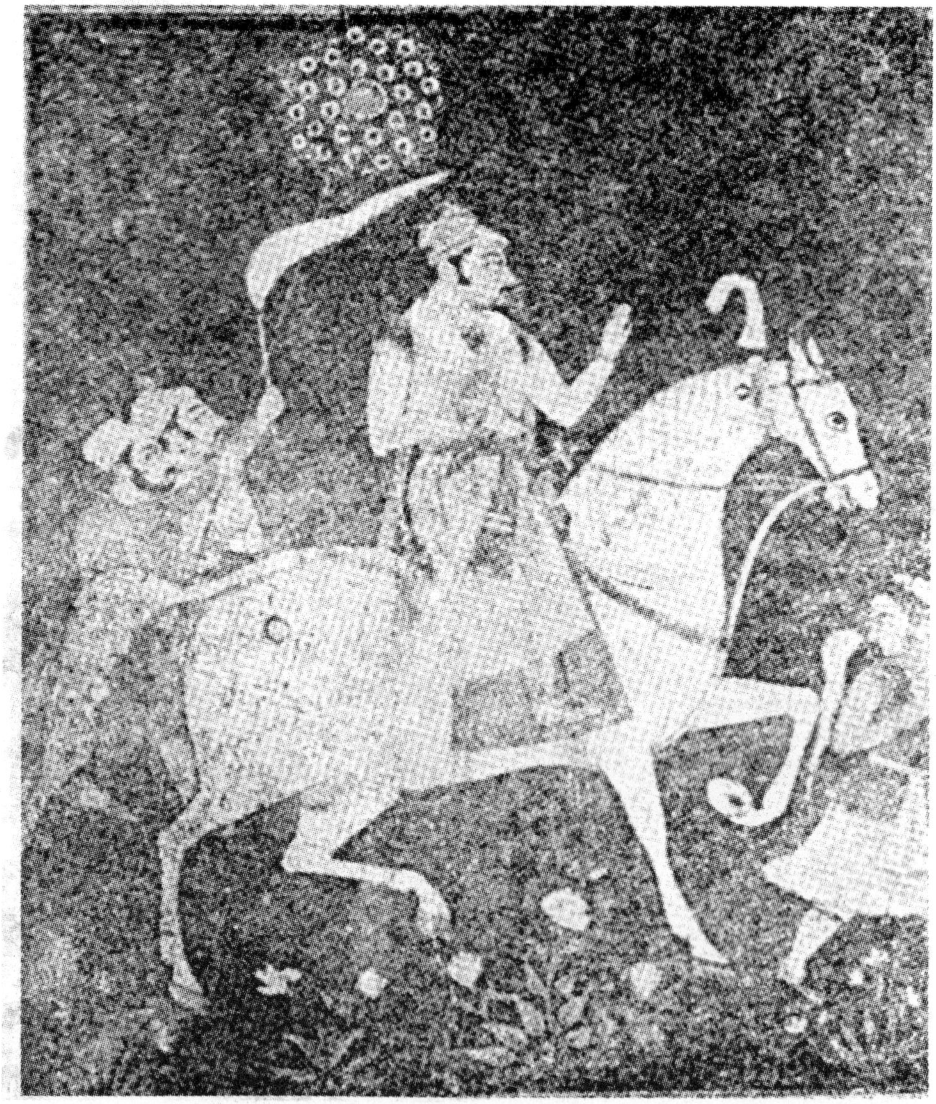

अश्वारोही राजकुमार,
राजपूतशैली, १८वीं शती ई.

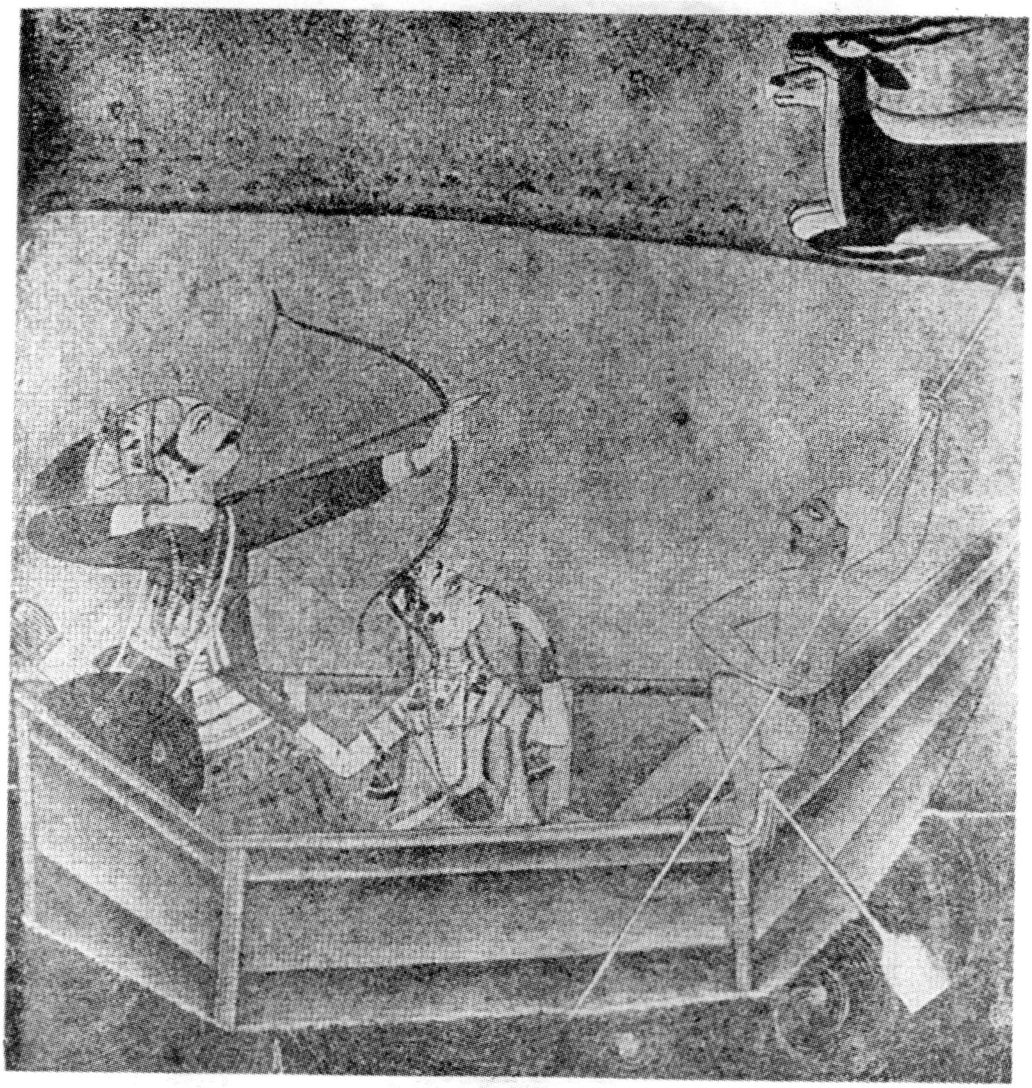

अज्ञात रागिनी
बसोली शैली, १७१० ई.

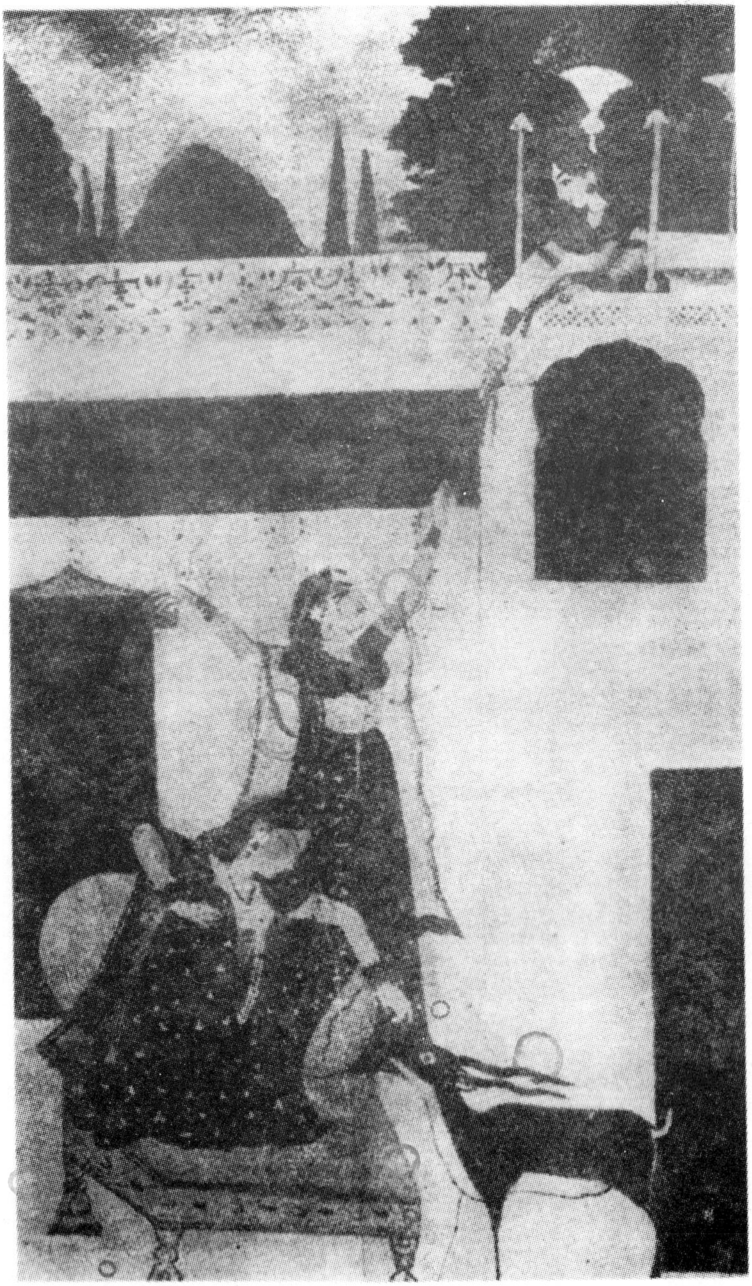

पालतू हरिण के साथ महिला
पहाड़ी शैली, काँगड़ा, १७८० ई.

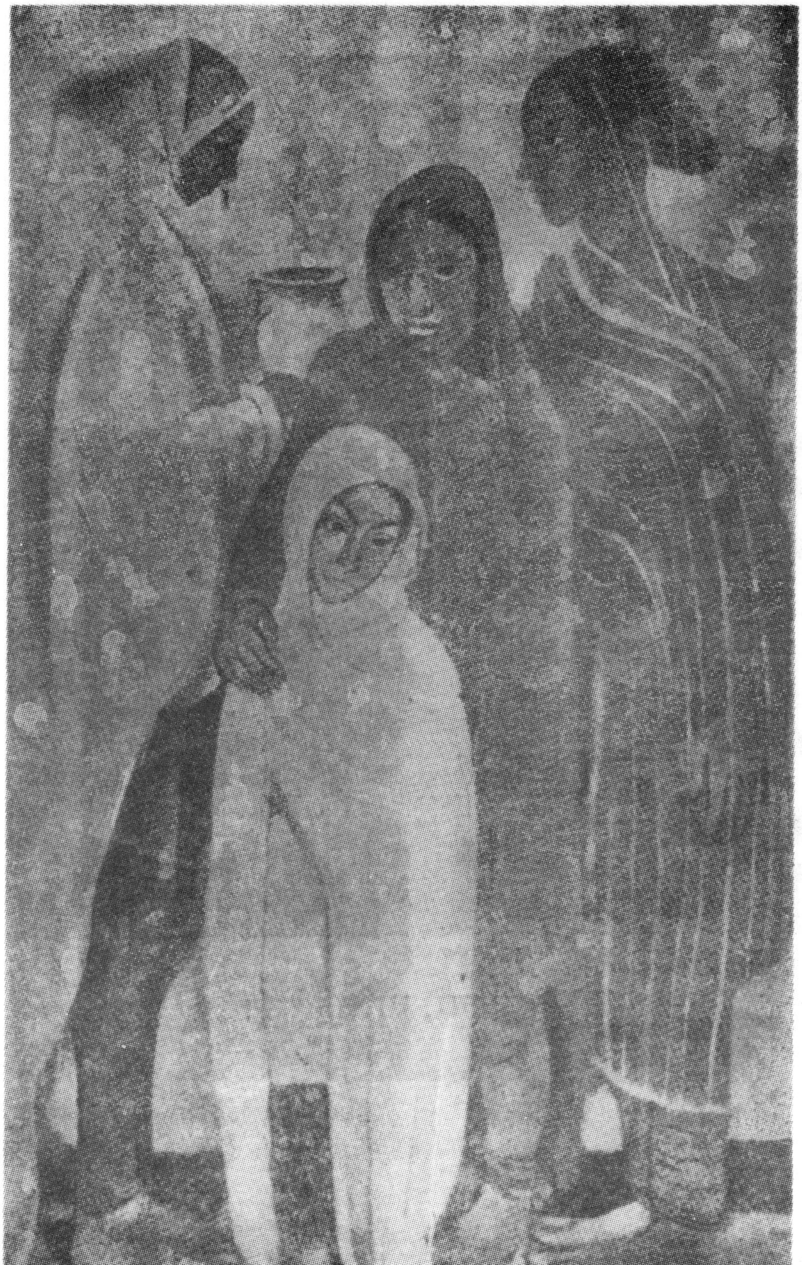

शलसुताएँ, अमृता शेरगिल

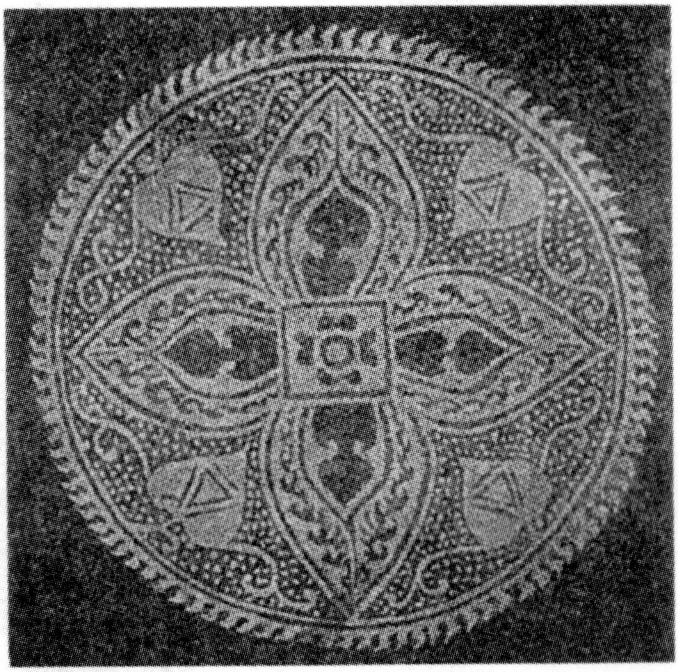

अल्पना, शान्तिनिकेतन